Elogios para

Sé un Influencer

"En *Influencer*, Tim Irwin toca un botón de reinicio que es bastante necesario al tratar de llevar a sus lectores a reflexionar sobre el poder que tienen las palabras tanto para construir como para derribar. Según las observaciones que he venido haciendo en el campo del liderazgo empresarial desde hace más de 50 años, el enfoque de este libro está basado en la práctica de la "afirmación" y da justo en el blanco al presentarla como el ingrediente central en el proceso de crear equipos comprometidos y ambientes de trabajo productivos. Esta es una obra rica en sabiduría poco común, pero completamente aplicable en tus esferas de influencia".

–John D. Beckett, Presidente de The Beckett Companies y autor de
Loving Monday y *Mastering Monday*

"Combinando nuevos conceptos de la neurociencia, la sicología del comportamiento y su experiencia de vida en contacto permanente y real con directores ejecutivos y otros líderes, Irwin nos proporciona herramientas útiles para 'hacer relucir lo mejor que hay en los demás'. Muchas de sus enseñanzas son prácticas y de sentido común, y desafían el concepto tradicional de liderazgo. ¡Eso es lo mejor de Tim!".

–David W. Miller, PhD, Director de Faith & Work Iniciative en la Universidad de Princeton y Presidente de Avodah Institute

"Prepárate para dejarte sorprender. Este libro de Tim desafía décadas de enfoques ya establecidos con respecto al arte de motivar a los demás. Todos nosotros, quienes lideramos organizaciones, queremos que los miembros de nuestros equipos florezcan. Tim usa sus experiencias —junto con lo último en la ciencia más reciente y la sabiduría de CEOs altamente efectivos— para guiarnos hacia un mejor enfoque. Este libro es una lectura obligada para todos aquellos que están interesados en mejorar su liderazgo".

–Greg Brown, CEO de Learfield

"Si como líderes somos tan buenos con respecto a los equipos y los individuos que lideramos, entonces nos corresponde aportar lo mejor de nosotros. En *Sé un Influencer*, el Dr. Tim Irwin nos brinda una guía práctica y reflexiva respaldada por la ciencia sobre cómo motivar a los demás y sacar a relucir lo mejor que hay en ellos".

–Jim Lindemann, Vicepresidente Ejecutivo de Emerson

"Hoy en día, infinidad de autores publican sus ideas sobre liderazgo, pero pocos plantean estrategias tan novedosas e interesantes como las de mi amigo Tim Irwin. En *Sé un Influencer*, él nos recuerda que los mejores líderes son quienes en verdad están comprometidos con el mejoramiento de la gente que los rodea. ¡Este es un libro poderoso!".

–Jim Daly, Presidente de Enfoque a la familia

"En la actualidad, en nuestro país hay una polarización que está siendo manifestada a través de púas verbales siempre presentes en el debate político y económico de la nación. Y en medio de este contexto, ha llegado un libro oportuno que, si muchos lo toman en serio, dará lugar a ambientes de trabajo más saludables y productivos, a un gobierno más eficiente y a familias más felices y estables. El poder de las palabras es un aspecto de la vida en el que no pensamos tanto como deberíamos. Por tal razón, Tim Irwin nos presenta mediante argumentos convincentes hasta dónde llega el alcance oportuno y veraz de cada palabra de afirmación".

–Howard Dahl, CEO de Amity Technology Corporation
y Presidente de Astarta Holding N.V.

"¿Acaso no todos queremos destacar siempre lo mejor de nuestra familia, de los miembros de nuestros equipos, de nuestros empleados y de quienes hacen parte de nuestro círculo de influencia? A lo largo de esta lectura, el Dr. Irwin se refiere de manera reiterativa a la importancia de las palabras. Mediante argumentos elocuentes, y basado en hechos científicos, nos explica cómo tanto las 'palabras de vida' como las 'palabras de muerte' afectan el "núcleo" de cada individuo (esa parte del ser humano donde se almacenan las creencias, se forman las opiniones y se producen los sentimientos). Por consiguiente, las 'palabras de vida' que les expresamos a nuestros interlocutores tienen el poder de transformarlos positivamente. Si deseas dejar a quienes llegan a tu vida mejor de lo que los encontraste, *Sé un Influencer* es tu lectura obligada".

–Lisa Nichols, CEO de Technology Partners

"Se dice que los grandes empleadores les brindan a sus asociados un entorno apto para trabajar y dar lo mejor de sí. En muchos sentidos, ese es un aspecto fundamental en la construcción de un lugar de trabajo atractivo. Pero ¿y si lográramos generar un entorno todavía más impactante? El Dr. Irwin señala que tanto el arte como la ciencia de ejercer un liderazgo óptimo demuestran que al expresar palabras de vida surge una respuesta emocional y física que cambia radicalmente quienes somos y nos lleva a niveles de mayor rendimiento. En definitiva, una cultura de alto desempeño exige todo lo que propone este libro".

–Scott MacLellan, CEO de TouchPoint Support Services y de Morrison Community Living

"En su nuevo libro, *Sé un Influencer*, el Dr. Irwin se centra en una pequeña clave que contribuye a ejercer un liderazgo inspirador y poderoso. Se trata de la capacidad de influir. A lo largo de estas páginas, el autor analiza cuáles son esos matices y elementos de influencia que sirven para capacitar a los líderes de los diversos departamentos que conforman una organización y también para democratizar la capacidad de dirigir y para desviar la jerarquía de liderazgo de las empresas eficaces".

–Kevin Race, Vicepresidente Ejecutivo de Operaciones del Consumidor en SunTrust Bank

Sé un

INFLUENCER

APRENDE A INFLUIR,
ATRAER Y SACAR LO MEJOR
DE LAS DEMÁS PERSONAS

Sé un

INFLUENCER

Dr. Tim Irwin

TALLER DEL ÉXITO

Sé un Influencer

Publicado por:
Taller del Éxito, Inc.
1669 N.W. 144 Terrace, Suite 210
Sunrise, Florida 33323
Estados Unidos
www.tallerdelexito.com

Editorial dedicada a la difusión de libros y audiolibros de desarrollo
y crecimiento personal, liderazgo y motivación.

Corrección de estilo: Nancy Camargo Cáceres
Diagramación: Joanna Blandon
Diseño de carátula: Diego Cruz

ISBN: 9781607385066

Printed in Colombia
Impreso en Colombia

21   22   23   24   25   R|CL   06   05   04   03   02

Contenido

"A mis clientes, de quienes he aprendido mucho a lo largo de los años".

Prefacio

Estoy agradecido de que uno de los mentores que ha ejercido una *"influencia extraordinaria"* en mi vida sea el Dr. Tim Irwin. Tim es consultor de muchas de las organizaciones más respetadas de los Estados Unidos y de compañías Fortune 100. Su fe es evidente, su amor por la familia y los amigos es inquebrantable y su compromiso con el desarrollo de los demás es impresionante. Ese es el corazón que palpita detrás de este libro.

Mi relación con Tim comenzó hace más de 30 años. Él fue asesor del fundador de Chick-fil-A, Truett Cathy, y del Presidente de Chick-fil-A, Jimmy Collins. Dado que las generaciones del liderazgo de Chick-fil-A han ido cambiando a través del tiempo, las ideas de Tim, su asesoramiento y consultoría activa sobre temas como gestión del talento, eficacia organizacional, desarrollo del liderazgo y cultura han sido una gran contribución a nuestra compañía y a sus líderes. Los animo a que lean este libro y extraigan de él sus propios puntos de vista como líderes, maestros, entrenadores o padres de familia.

La gente inteligente tiene diferentes definiciones de liderazgo. Warren Bennis lo definió como la capacidad para "traducir las intenciones en realidades sabiendo cómo sustentarlas". Marcus Buckingham, escritor y consultor, afirma que los líderes "saben cómo dirigir a los demás hacia un futuro mejor". John Maxwell, pastor y escritor, opina: "El liderazgo es influencia —nada más, ni nada menos". Encontré valor en cada una de estas perspectivas, pero la definición que tiene Tim Irwin acerca de liderazgo —"Es saber ejercer una influencia extraordinaria"— se alinea con la mía. *Sé un Influencer* nos muestra cómo impactar positivamente a los demás por medio de la elección y no a través del cumplimiento forzado. Ese es el verdadero liderazgo, no el poder, ni el prestigio con los cuales solemos confundirlo.

Habiendo dicho esto, ¿cuál vendría siendo la cualidad esencial de un líder que quiere lograr un impacto positivo en quienes lo rodean? ¿Qué es lo más importante para el líder que está comprometido a dejarles un legado significativo a las próximas generaciones? ¿Qué capacidad debería desarrollar para alimentar el liderazgo en otros? La respuesta a cada una de estas preguntas es la misma: ejerciendo una influencia.

Te invito a leer, reflexionar y aplicar —a poner en práctica los principios de liderazgo que se encuentran en este libro. Así lo hice yo. Conviértete en un líder inspirador, reconocido por tu influencia sobre quienes te rodean. Desarrolla tu carácter de líder. ¡Luego, atrévete a liderar!

Tim Tassopoulos
Presidente y Jefe de la Oficina de Operaciones de Chick-fill-A

Parte Uno

La ciencia de *Sé un Influencer*

1 El fenómeno de la maleta azul

Muchos líderes crean un efecto no planeado

Hace algunos años, un grupo me invitó a participar en su conferencia anual de liderazgo en Europa y el viaje incluyó a mi familia. Más o menos un mes antes de nuestra partida, Anne, mi esposa, me contó sobre su sueño de toda la vida de visitar Portugal y sintió curiosidad por saber si sería posible que nos detuviéramos en Lisboa camino al evento, así que contactó a nuestra agente de viajes, quien le explicó que el costo de nuestros pasajes cambiaría, pero muy poco. Cuando Anne me contó sobre el asunto, yo le respondí estando un poco distraído: "Me parece bien" y, habiéndole dicho esto, Anne hizo los arreglos del hotel y yo cambié la fecha de salida en mi agenda.

Apenas unos días antes de que partiéramos, llegó la confirmación de la reservación del hotel y de inmediato entré en estado de shock al ver el costo tan exorbitante de nuestra estadía en Portugal, así que le pregunté a Anne con visible irritación: "¿Cómo hacemos para solucionar esto? No hay forma de que tengamos suficiente dinero para hospedarnos y permanecer en ese hotel". Con mucha tranquilidad, Anne me manifestó que ella también estaba molesta, pero que ese era el único hotel que tenía habitaciones disponibles. Luego, me contó acerca de su plan para ahorrar dinero al llevar nuestra propia comida. Acto seguido, bajó del desván la vieja maleta azul y la llenó de comida para abastecernos durante nuestros cuatro días en Portugal. En ese momento, ya era demasiado tarde para cambiar nuestros vuelos sin que nos cobraran un recargo significativo, así que seguimos adelante con su plan.

Después de volar toda la noche, Anne, nuestros dos hijos y yo nos registramos en el hermoso Hotel Estoril del Sol, una magnífica propiedad frente a la playa en Lisboa, y comimos nuestro primer desayuno el cual hizo parte de la comida que Anne empacó en la maleta azul. Abrí una caja de cereal en miniatura con mi navaja suiza y la combiné con leche a temperatura ambiente de una pequeña caja de cartón de esas que no necesitan refrigeración. Mi padre siempre describió a sus dos nietos como "apetitos con piel", así que fue muy fácil percibir en sus rostros que el "plan de la maleta azul" no había empezado así como muy bien que dijéramos. La vista del Océano Atlántico era hermosa, pero el desayuno estuvo terrible. Anne notó nuestro mal humor y de inmediato nos sugirió que nos cambiáramos de ropa y nos dispusiéramos a comenzar nuestra gira por Lisboa.

En el camino hacia el primer piso, el ascensor se detuvo en el mezzanine. Cuando las puertas se abrieron, quedamos viendo directamente hacia el comedor del hotel. Parecía como uno de esos escenarios espectaculares listos para filmar una película. Con el telón de fondo del océano más azul que jamás hayamos visto, las mesas, vestidas con manteles de lino, estaban repletas de toda clase de comidas deliciosas. Grandes cisnes de hielo y flores las decoraban como graciosos servidores atentos a su alrededor. Sin embargo, lo que más noté fue lo feliz que parecía estar todo el mundo en el comedor y sabía a ciencia cierta cuál era la razón por la que todos lucían tan felices: ¡porque estaban desayunando en ese hermoso comedor!

Percibiendo problemas, Anne tiró de mi brazo y nos condujo por las escaleras hacia el brillante sol portugués. Después de varias horas de turismo, nos detuvimos a almorzar en un parque con un banco sombreado que daba a la magnífica bahía. Acto seguido, Anne me dio una lata de atún, de esas que vienen con su respectivo anillo superior, y algunas galletas saladas. Ese sería nuestro almuerzo. Me sentí agradecido por su ingenio, pero este tipo de comidas se prolongó durante cuatro días.

Nuestros hijos rayaron en la hostilidad y la agresión después de habérseles negado su acostumbrada ingesta calórica durante ese tiempo. Estaban en esa fase de crecimiento preadolescente en que comían a cada instante volviéndose cada vez más altos.

La noche antes de nuestra partida, me detuve a hablar con la recepcionista del hotel para preguntarle en cuánto iba la cuenta. Cuando me dispuse a irme, ella me dijo en tono amable: "Sr. Irwin, ¿me permite hacerles la reserva para sus desayunos de mañana en el comedor del hotel antes de que se dirijan hacia el aeropuerto?". Sin entender el comentario, me volví y le pedí que me explicara. "Por supuesto, *todas sus comidas están incluidas en la tarifa de la habitación*". ¡En un milisegundo, todo quedó claro! La razón por la cual el hotel salió tan costoso fue porque todas nuestras comidas estaban incluidas en el precio de la habitación. Acabábamos de pasar cuatro días alimentándonos con la comida más horrible de la cual tengo memoria cuando podríamos haber estado comiendo en el hermoso comedor del hotel con todos los otros felices huéspedes. La amarga ironía fue que tuvimos que irnos al aeropuerto la mañana siguiente antes de que abrieran el restaurante, ¡así que nos perdimos incluso la única comida que aún teníamos!

En defensa de mi increíblemente inteligente esposa, debo decir que ella sí preguntó sobre las comidas cuando hizo la reserva, pero fue obvio que se perdió algo de información en el momento de la traducción entre el hotel y nuestra agencia de viajes.

¿Dónde come tu organización?

Siempre me sorprende ver cómo tantas organizaciones se alimentan de todo lo que sale de la maleta azul y que solo genera un desempeño mediocre, cuando tanto líderes como trabajadores lo único que anhelan es comer en el hermoso comedor del rendimiento excepcional. ¿Cuál es la diferencia entre esas organizaciones que comen de lo que hay en la maleta y las que se alimentan en el comedor? Si bien las condiciones económicas y las decisiones estratégicas sobre la mejor manera de capitalizar las oportunidades del mercado suponen una gran diferencia, en última instancia, el desempeño de quienes conforman una organización determina su destino.

Existen organizaciones con empleados felices y motivados que resuelven problemas, entusiasman a los clientes y trabajan duro para alcanzar sus objetivos. También hay otras cuya cultura empresarial es pésima, repleta de empleados rudos que transfieren a sus clientes al departamento equivocado o que, cuando ellos se comunican a su número 800 para recibir atención al cliente, la voz al otro lado de la línea actúa como si su clientela estuviera compuesta por completos idiotas. En mi caso, puede que cuando llamo para solicitar soporte informático, tal vez esa descripción de perfecto idiota sea justificada —pero eso no significa que yo quiera que me traten de esa manera.

Las encuestas de participación tienden a desalentar a cualquier empresario que desee que su organización prospere. Gallup informó que el 67% de los trabajadores no está comprometido con su lugar de trabajo. Y aún más desconcertante es el hecho de que, dentro de ese grupo de no comprometidos, el 17.2% está "activamente desconectado"[1], lo cual significa que procura trabajar lo menos posible.

Casi todos hemos visto *Office Space* y nos hemos reído de la escena en la que Bob, el consultor, entrevista a Peter, uno de los trabajadores de Initech. El diálogo es más o menos así:

BOB SLYELL: Mira, lo que estamos tratando de hacer aquí es tener una idea de cómo pasan el día los trabajadores de esta oficina. ¿Podrías mostrarnos cómo es un día típico tuyo?

PETER: Ah, bueno.

BOB SLYELL: Genial.

PETER: Bueno, por lo general, llego mínimo 15 minutos tarde. Uso la puerta lateral y así Lumbergh no puede verme. Uh, y después de eso, me dedico a hacer acto de presencia como una hora.

BOB PORTER: ¿Acto de presencia?

PETER: Sí. Me limito a mirar mi escritorio y a hacer parecer como si estuviera trabajando y hago eso mismo durante otra hora después del almuerzo. Yo diría que, más o menos, hago unos 15 minutos de trabajo real en una semana promedio[2].

Es innegable que nos causa risa, pero también nos preguntamos en silencio qué pasaría si Peter trabajara para nuestra empresa. Y aunque *Office Space* parece un poco absurdo, también tiene mucho de cierto. Las encuestas de Gallup y otros datos sugieren que hay más Peters en los lugares de trabajo de los que cualquiera supone.

Muchos ven su trabajo como una serie de penalizaciones entre un fin de semana y otro. Tienen poca o ninguna esperanza de que su trabajo les proporcione algo más que un simple cheque de pago que les permita pagar algunas de sus cuentas, pero buscan sentirse realizados en otros lugares y mediante actividades distintas a las que realizan en su trabajo.

Con frecuencia, hablo con grupos de ejecutivos sénior y muy a menudo les hago esta pregunta: "¿Cuántos de ustedes sienten que tal vez no todos, pero sí muchos de los empleados que trabajan en su organización son capaces de hacer una contribución mayor a la que están brindando en la actualidad?". Es raro cuando no es casi el 100% de los asistentes el que responde "sí" a esa pregunta. Luego, les hago una pregunta aún más difícil, pero relacionada con la anterior: "Y si pueden hacerle una mayor contribución a su organización, ¿por qué entonces ellos no la hacen?". ¿Qué líder corporativo, qué padre, qué entrenador o qué profesor no desea liberar el extraordinario potencial de los empleados, hijos, jugadores o estudiantes que se encuentran bajo su influencia? ¿No es una parte crucial de nuestro trabajo resolver este asunto?

La realidad es que este desafío se extiende mucho más allá del entorno corporativo. ¿Qué padre no ha agonizado ante el interrogante de cómo lograr que su hijo falto de motivación se preocupe por su escuela y su futuro? ¿Qué maestro no ha comenzado su carrera con la aspiración idealista de avivar las llamas de la motivación intrínseca y transformar a sus mediocres estudiantes en talentosos intérpretes académicos? ¿Qué entrenador no ha deseado encontrar la llave para desbloquear el potencial de un atleta talentoso, pero con bajo rendimiento? Los líderes scouts, religiosos y otros líderes comunitarios, y cualquiera que busque hacer una diferencia en la vida de los demás, se ven confrontado ante la pregunta: "¿Cómo logro que esta persona a la que lidero supere la cotidianidad de su propia vida y logre desempeñarse más allá de lo que ni ella misma pensó posible?".

Las preguntas ancestrales para cada organización —¿Cómo sacamos lo mejor de aquellos a los que somos responsables de liderar? ¿Cómo hacemos que se preocupen? ¿Cómo garantizamos la productividad, la calidad, la puntualidad y una gran atención a los clientes? ¿Cómo los ayudamos a amar su trabajo?— son las más importantes y las que deberían mantener despierto y desvelado a cualquier líder competente y consciente. Lo que las hace especialmente molestas reside en la realidad de que la respuesta a cada una de ellas parece variar en gran manera entre los diferentes empleados.

¿Conocemos a alguien que diga que quiere ir a trabajar hoy a ver de qué manera va a arruinarse el día? ¿O a alguien que diga que tiene muchas ganas de trabajar para una empresa sobre la cual le avergüenza hablar cuando otros le pregunten dónde trabaja? Mi sensación es que los empleados anhelan comer en el comedor de la excelencia tanto como sus líderes. La mayoría quiere estar orgullosa de su trabajo y de la reputación de las organizaciones a las que sirve. Sin embargo, a pesar de la predisposición intrínsecamente positiva de muchos trabajadores, piensa en cuántas organizaciones languidecen con un pésimo servicio al cliente, con un nivel alto de rotación o con muy poco compromiso en el trabajo.

El acertijo

Como la mayoría de las familias jóvenes, mi esposa y yo procuramos buscar quehaceres propios para la edad de nuestros dos hijos. Esto con el propósito de que adquieran cada vez más responsabilidad y autodisciplina. Así las cosas, Anne tomó la iniciativa de pedirles a nuestros hijos que sacaran la basura de la cocina todos los días. Hay muy poca diferencia entre hacer que los chicos saquen la basura y administrar una empresa de Fortune 500 —bueno, tal vez sea cuestión de escala y complejidad, pero algunos de los fundamentos son los mismos—. ¿Cómo motivar a otro a hacer algo con calidad, velocidad y consistencia? Por alguna extraña razón, el hecho de que el dinero semanal que les damos a nuestros hijos se base en sacar la basura y hacer otras tareas no parece marcar tanta diferencia. Tampoco el hecho de que Anne sea la madre. Como les digo a los CEOs con bastante frecuencia, el poder de posición no es todo lo que parece ser. A menudo, Anne recurría a gritos persistentes u ocasionales o a temibles amenazas, como la de que no tendrían derecho a ver televisión durante una semana, lo cual producía resultados a corto plazo, pero, desde luego, nada sostenibles. Ninguna de estas técnicas de gestión logró transformarlos en "sacadores de basura" concienzudos, felices y confiables.

Cómo motivar a una persona o a grupos de personas a hacer algo y a hacerlo bien es algo que sigue siendo un enigma. Cualquiera que haya conformado una familia, dirigido un ejército, una empresa o un equipo se esfuerza por encontrar la clave para motivar a cada uno de los que lo rodean a sobresalir, a realizar su potencial y a hacer bien un trabajo importante. Es sorprendente ver con cuanta frecuencia recurrimos a adoptar la posición predeterminada de impartir una consecuencia negativa cuando alguien no hace lo que le dijimos que hiciera en lugar de adoptar un enfoque que en realidad dé como resultado un mejor trabajador y una mejor persona.

En últimas, ¿no es acaso nuestro deseo fomentar la motivación intrínseca para que aquellos que lideramos se conviertan en mejores empleados, mejores estudiantes, mejores atletas o mejores en lo que deseen hacer. Anne quería tener la certeza de que la basura se sacara con seguridad, pero ella y yo queríamos era que nuestros desgarbados adolescentes maduraran y, en algún momento, tuvieran trabajos responsables y familias sanas y exitosas. Ella y yo anhelamos que nuestros hijos alcancen propósitos elevados y nobles con sus proyectos de vida y que marquen una diferencia en el mundo. Pero ¡tal vez sea más fácil liderar una compañía de Fortune 500!

Liderazgo centrado en las tareas

Permíteme dirigirme a los escépticos. A lo largo de los años, he entrevistado a miles de líderes, muchos de los cuales han sido muy exigentes y centrados en sus tareas.

Y aunque ellos le dan un enfoque intelectual al aspecto relacional del trabajo, a menudo menosprecian las habilidades blandas de la administración. Incluso como sicólogo organizacional, supuestamente experto en este aspecto de la gestión empresarial, admito que, también a mí, algunos de los estudios que he leído me han resultado demasiado espinosos. Por tal razón, mi recomendación para aquellos lectores escépticos es que traten de mantener una mentalidad abierta a medida que yo intento defender la tesis principal de este libro: obtenemos una extraordinaria habilidad para transformar a los demás cuando los afirmamos y no cuando aplicamos la que, eufemísticamente, suele llamarse *crítica constructiva*. Con un poco de suerte, les aseguro que lograrán adoptar las recomendaciones de este libro echando mano de un alto grado de pragmatismo y nada más.

Es innegable que mucho de lo que hacemos para motivar a los demás causa justo lo contrario a lo que en realidad pretendemos lograr.

He consultado con cientos de organizaciones durante mi carrera y he escuchado que muchos líderes enfocados en tareas adoptan su filosofía de liderazgo, a menudo, en frases cortas y concisas. Hace varias semanas, me senté con una líder experta que afirmó con gran fanfarria y sinceridad: "Creo que las personas no hacen lo que tú esperas, sino lo que tú inspeccionas". Luego, me sonrió como buscando en mí la confirmación de que, por fin, ella había encontrado el secreto de la motivación. No quise defraudarla, ni contarle cuántas veces he escuchado esa frase tan trillada a lo largo de los años. Sin lugar a duda, es cierto que los trabajadores inexpertos necesitan más dirección, estructura y retroalimentación, pero esto implica mucho más que una inspección.

A continuación, encontrarás algunas otras frases que suelen ser bastante frecuentes con respecto al estilo de liderazgo impulsado por tareas.

"Voy a mantener sus pies cerca al fuego". —Origen: un método de tortura utilizado en la Edad Media para obligar a los herejes a retractarse.

"Necesito avivar el fuego que hay debajo de ella". —Una frase utilizada en un comienzo para motivar a los deshollinadores que temían subir a la parte superior dentro de una chimenea alta.

"Voy a pedir cuentas". —*Accountable* es un término en inglés que se deriva de la antigua palabra francesa *acont*, como en el caso de contar dinero. En esta frase hay una cierta connotación de amenaza que indica que será mejor que hagas lo que te dije que hicieras. Nos recuerda el aspecto no tan alegre de la personalidad de Santa: "Mantener una lista y verificarla dos veces".

"Necesito una garganta a la cual asfixiar". —Denota la idea de que necesitas una persona responsable de los resultados.

"No hay nada tan clarificador como un buen ahorcamiento público". —Cuando alguien no se desempeña de acuerdo a las expectativas de su lugar de trabajo, su despido suele servir como ejemplo de lo que les sucede a aquellos que no logran resultados específicos.

"Necesita un poco de fuego en su vientre". —Se desconoce la fuente de la expresión, pero se conjetura que esta metáfora de motivación proviene de alimentar una estufa de barriga.

"Le puse la situación en su cara". —Un estilo de liderazgo bastante directo y agresivo, destinado a provocar a la acción.

"La próxima vez, te reportaré". —Una práctica común en algunas organizaciones para intimidar a los trabajadores a cumplir bajo la amenaza inherente de: "Haz esto de nuevo y estarás despedido".

"Haré que te esfuerces tanto, que hasta tus [partes privadas] te sudarán". —Le escuché esta expresión profana a un gerente de nivel medio en una empresa Fortune 500, quien se enorgullecía de utilizarla durante sus charlas en el área de recursos humanos.

Liderazgo al estilo "*macho management*"

Todos hemos escuchado muchas frases de uso común e incluso hasta las hemos dicho. Este enfoque de la motivación de los empleados se conoce como el estilo *macho management*: "Soy rudo y tengo el control. Haré que hagas lo que yo quiera que hagas". Si eliminamos las buenas intenciones que hay detrás de cada afirmación, ¿no suenan estas frases un poco fuerte? ¿No subestiman? ¿No albergan lo peor de la naturaleza humana?

¿Actúan de esta manera tan descarada la mayoría de los líderes? No, este suele ser un estilo de administración más soterrado y la mentalidad inherente, reflejada a través de estos dichos, es que *haré que hagas algo que te resistas a hacer*. Si miramos desde la perspectiva del *macho management*, esta sugiere que bien sea que se trate de trabajadores, estudiantes, jugadores o niños, todos son flojos, irresponsables, carecen de ambición y son menos inteligentes, por lo tanto, requieren de un escrutinio constante que garantice que ellos realicen el trabajo que les fue asignado. Podríamos decir: "Eso es un poco fuerte". Es cierto, pero en nuestro esfuerzo por obtener resultados de aquellos que lideramos, enseñamos, entrenamos, o de nuestros hijos, sí podemos adoptar métodos que apelen a nuestra necesidad fundamental de controlar los resultados. Una pregunta que debería desvelarnos es si hay una forma de transformar a los miembros de nuestros equipos o de nuestra familia para que se sientan motivados a lograr la excelencia sin necesidad de toda esa fanfarria tan ofensiva. Nadie que haya sido líder cree que sea fácil hacer que otra persona cambie. Nadie que haya criado, enseñado, entrenado o dirigido a un hijo para ir a la batalla piensa que ese sea un trabajo fácil.

Las prácticas comunes en la gestión de hoy en día son muy diferentes a las que nos enseñan las nuevas ciencias y no deben ser ignoradas ni siquiera por líderes con trayectorias exitosas.

Si eres un líder corporativo, es probable que hayas llegado a esa noble posición haciendo bien tu trabajo y logrando que otros realicen el suyo. Muchos líderes impulsados por tareas tienen éxito al lograr que se hagan las cosas. Sus exigentes expectativas logran resultados; sin embargo, hoy en día es claro, a partir de una creciente cantidad de investigaciones, que para que un líder sea efectivo es vital que invierta tiempo y energía enfocándose en dos aspectos cruciales: una administración orientada en la realización de tareas y un ambiente que valore *las dimensiones emocionales y relacionales de las personas* que él lidera, ya que abordar el lado emocional de los empleados tiene una base neurobiológica que influye en gran medida en su rendimiento. Esta evidencia neurológica, sobre la cual leerás en capítulos posteriores, quizá te sorprenda y te proporcione una perspectiva convincente —incluso si eres del tipo de líder orientado en la realización de tareas— de que hay algo de sustancia en el lado emocional de la motivación de un trabajador. Las prácticas comunes en la gestión de hoy en día son bastante distintas de lo que la ciencia nos enseña y no deben ser ignoradas incluso por aquellos con una trayectoria de éxito.

Saca a relucir lo mejor de los demás

Entonces, ¿cómo hace para sacar a relucir lo mejor de los demás? ¿Cuál es el secreto para ayudar a otra persona a desbloquear su potencial? Si supieras cómo hacer para incentivar e incrementar las mejores características de quienes lideras, ¿no lo harías? La mayoría de los líderes añora ejercer una influencia significativa e incluso extraordinaria sobre los miembros de sus equipos y sacar lo mejor de ellos. Es casi seguro que tú también quieres que tus seguidores prosperen y que realicen sus trabajos en beneficio de la organización a la que sirven. Este anhelo por el éxito de otros no es diferente para padres, maestros, entrenadores, líderes militares, ni para cualquiera en posición de liderazgo.

Para lograrlo, el desafío consiste en esto: investigaciones cerebrales recientes sostienen que *muchas de las cosas que hacemos para motivar a otros, de hecho, logran justo lo contrario a lo que pretendemos*. Sin darnos cuenta, atacamos la parte equivocada del cerebro provocando así un cortocircuito en la influencia que deseamos ejercer para hacer avanzar a esa persona a lo largo de una trayectoria de desarrollo significativa.

Ellos trabajaron con todo su corazón

Una de mis historias favoritas de la Literatura de la Antiguedad es acerca de un hombre que fue acusado de reconstruir un muro de vital importancia para proteger una ciudad utilizando una fuerza de trabajo voluntaria cuyo único material de construcción fueron los escombros dañados de la antigua muralla. Durante el proceso de acompañamiento, al expresar lo que muchos críticos describieron como imposible, un observador dijo que quienes construyeron el muro "trabajaron con todo su corazón"[3].

¿Qué pasaría si lográramos que la gente trabajara con todo su corazón? ¿Si tuviéramos la capacidad de transformar a aquellos bajo nuestra influencia de tal manera que los fuegos de la motivación intrínseca ardieran con fuerza y ellos encontraran un gran propósito en su trabajo? ¿No es eso lo que queremos como líderes, padres o maestros? Anhelamos transformar las actitudes, los hábitos de trabajo y la pasión de la gente a la que influenciamos para lograr que haga la tarea asignada, incluyendo la de eliminar la basura, con un sentido de compromiso y energía.

Recientes descubrimientos de la ciencia del cerebro, junto con la sabiduría de los CEOs que entrevisté antes de escribir este libro, nos dan las respuestas que siempre hemos buscado. El Capítulo 2 comienza con una historia sobre un joven que fue impactado por algunas palabras escogidas con total acierto.

2 Palabras de vida

Nuevas investigaciones del cerebro explican cómo hacer para sacar a relucir lo mejor de los demás

Mi hijo William estaba inconsolable. Lo sostuve con su cabello empapado de sudor contra mi rostro mientras su pecho se estremecía por sus sollozos.

El juego, la temporada, las incontables sesiones de pesas antes del amanecer y las prácticas dos veces al día —la inversión de ocho años de su joven vida—, todo quedó reducido a un viernes por la noche. Como capitán coequipero, había dedicado todo de sí para inspirar a este equipo de jóvenes a superar las expectativas que muchos tenían acerca de ellos.

Temprano esa noche, una atmósfera electrificante calentó el frío decembrino. El lugar era todo un espectáculo —exuberante césped verde con franjas blancas perfectas, iluminadas brillantemente; porristas haciendo su mejor actuación; bandas tocando a todo volumen y los jugadores haciendo esos intensos precalentamientos que les ayudarían a estar listos para la batalla épica a punto de comenzar.

Este no era otro juego más. Era la segunda ronda de las eliminatorias estatales de fútbol de la escuela secundaria. La energía de los equipos transformó de inmediato a las multitudes, que esperaban con frenesí —ambas fanaticadas deseaban desesperadamente que su equipo prevaleciera—. Yo era el padre más orgulloso del planeta viendo a mi hijo caminar hacia el medio campo para lanzar la moneda.

Fue una batalla descomunal. Ninguno de los equipos perdió esa noche a pesar de que el equipo contrario tuvo más puntos en el marcador y avanzó a las semifinales. Detrás de dos anotaciones a la mitad, nuestro equipo luchó ferozmente, casi empatando el juego en los minutos finales.

Cuando el reloj hubo marcado los últimos segundos del juego, las familias caminamos hacia el campo para encontrarnos con nuestros hijos. Yo sostuve al mío con el corazón roto y las lágrimas que corrían por su rostro hinchado y magullado evidenciaron lo que todos sentíamos: la amarga desilusión de perder y la sentida tristeza de 12 adultos mayores y sus familias. Esta sería la última de sus "luces de la noche del viernes".

A medida que el sudor del acalorado cuerpo de William se elevaba en el aire frío de la noche, noté que el entrenador del equipo contrario cruzaba el campo y se dirigía directo hacia nosotros. Se acercó y me dijo: "Señor, ¿puedo hablar con su hijo?".

Me alejé mientras él ponía sus manos sobre los hombros de mi hijo y lo miraba directo a sus enrojecidos ojos. Con gran dificultad, escuché al entrenador decirle unas palabras sorprendentes a este joven jugador del equipo contrario. "Hijo, esta noche jugaste un partido sobresaliente y lo dejaste todo en la cancha. Mostraste un gran carácter y coraje en la forma en que lideraste a tus compañeros y fue un honor jugar contra ti". Luego, sonrió, abrazó a William y volvió a recorrer todo el campo hasta la zona de anotación, donde su equipo celebraba a gritos el triunfo de la noche.

No mucho después, me enteré de que el entrenador que habló con mi hijo en aquella ocasión era reconocido por el impacto que tuvo en innumerables jugadores de fútbol, muchos de los suyos y, a veces, en jugadores de otros equipos, como en el caso de mi hijo.

Con el tiempo, llegué a comprender cuán profundo se habían alojado esas palabras en el corazón de mi hijo William. ¿Cómo ejerció este entrenador una influencia tan extraordinaria? Él le expresó *palabras de vida* que lo transformaron. Seis meses después, William ingresó al crisol de Plebe Summer en la Academia Naval de los Estados Unidos en Annapolis, Maryland. Los siguientes cuatro años, William enfrentó un régimen agotador de desafíos académicos, físicos y emocionales. Experimentó lesiones que terminaron con su carrera en el fútbol americano universitario, incluyendo una fractura de espalda. Después de graduarse de la academia, comenzó otro reto que incluía la escuela de ingeniería nuclear, el programa de guerra submarina y la escuela de buceo de la Marina de los EE.UU. Después de siete años y medio de despliegues encubiertos altamente estresantes, dejó la Marina para asistir a la escuela de negocios durante dos años y luego ingresó en el mundo de los negocios.

Las palabras de vida de un entrenador en particular, junto con muchas otras influencias clave en la vida de mi hijo, generaron en él valores que se enraizaron en su núcleo y que todavía hoy dirigen sus acciones. A lo largo de su vida, él estuvo expuesto a afirmaciones que le fomentaron creencias que se instalaron con firmeza en su ser interior, tales como: "Aunque lo que estoy pasando es increíblemente difícil, puedo terminar de hacerlo. Hay un gran valor en la excelencia y debo modelar esto para las personas que dirijo. Soportaré las dificultades, seré más fuerte y estaré mejor equipado para liderar a los demás, independientemente de las dificultades a las que nos enfrentemos".

¿No es esto lo que queremos, alguien que nos dé palabras de vida? "Mostraste gran valentía e integridad. Has logrado mucho más de lo que creías posible". Cualquier persona con un rol de liderazgo, ya sea un gerente en un entorno corporativo, un padre, un profesor, un entrenador, un guía explorador o un líder religioso, posee el potencial de ejercer una influencia en la vida de los demás. El líder, literalmente, está capacitado para sacar a relucir lo mejor de todo ser humano.

Impulsados por propósitos

¿Por qué queremos recibir afirmación? Por supuesto, porque nos hace sentir bien, pero ¿por qué más? Aristóteles afirmó que toda persona es atraída por un *telos* o propósito en su vida. Creo que, en el fondo, todos queremos saber que lo hemos dado todo para ir en pos de fines elevados y nobles, y para alcanzar un profundo sentido de significado en nuestra vida. Anhelamos recibir la afirmación de que, nuestra vida sirve para algo más que tan solo luchar contra el tráfico bloqueado en la red.

Mientras nuestros antepasados se centraron más en luchar por mantener la seguridad del día a día, en la actualidad, esta necesidad básica ya no es tan esencial para la mayoría de nosotros; en cambio, el significado es prioritario y se ha convertido en el principal impulsor de lo que buscamos en la vida. Y en ese caso, la afirmación adecuada satisface esta imperiosa necesidad. Una afirmación profunda llega a nuestro núcleo y nos afirma con respecto a quienes aspiramos ser.

¿Qué es lo que en realidad queremos? En últimas, lo que queremos es seguridad: un techo sobre nuestra cabeza, calidez en el invierno y fresco en el verano, comida para la semana, transporte y seguridad, la cual está más arriba en la lista de necesidades en los últimos años. Y una vez que estas necesidades sean cubiertas, queremos significación. Saber que nuestra vida cuenta para algo significativo. A veces, lo conseguimos mediante nuestro trabajo, aunque no la mayoría y por eso muchos se dedican a buscar significado fuera de su trabajo, en su fe, en su comunidad, ayudando a quienes están en la fase avanzada del envejecimiento, cuidando el medio ambiente y haciendo muchas otras labores, pero el hecho es que todos queremos tener un sentido de propósito —tener la certeza de que estamos haciendo algo significativo.

La confirmación personal más poderosa ocurre cuando otra persona reconoce la fortaleza de nuestro carácter.

A pesar de que es muy satisfactorio saber desde lo más profundo de nuestro ser que estamos persiguiendo un propósito, tal vez la afirmación personal más poderosa ocurre cuando otra persona reconoce la fortaleza de nuestro carácter.

Cuando alguien importante para nosotros nos afirma de manera específica y profunda, ciertas creencias se forman y se almacenan en nuestro núcleo —en esa esencia nuestra que habita dentro de nosotros y que piensa, siente, se forma opiniones y nos habla en silencio—. Y a medida que surgen oportunidades y circunstancias, dichas creencias dirigen nuestras acciones. Diversas investigaciones han demostrado que una afirmación proveniente de aquellos a quienes respetamos forma creencias en nuestro núcleo que guían nuestras acciones.

Nuestro cerebro ama la afirmación

En los últimos años, la ciencia ha revelado que una afirmación pone en marcha enormes cambios positivos en el cerebro. Libera ciertos neuroquímicos asociados con el bienestar y genera mayor rendimiento. Sorprendentemente, la crítica crea la reacción neural opuesta. La parte más primitiva del cerebro entra en modo híperdefensa, lo que compromete nuestro rendimiento, torpedeando nuestra motivación y limitando el acceso a nuestras fortalezas de orden superior. La crítica activa un *sesgo de negatividad* que existe en todos nosotros. Con frecuencia, el cerebro explora el entorno en busca de amenazas y disminuye nuestros recursos positivos y creativos.

En los últimos años, la ciencia ha revelado que una afirmación pone en marcha enormes cambios positivos en el cerebro.

Tal como lo exploramos en el Capítulo 1, los líderes veteranos y experimentados descartan las que ellos llaman *habilidades blandas*. Este sutil desprecio se yuxtapone a las *habilidades duras* —las necesarias para fabricar o vender el producto—. Ahora sabemos que no hay nada de blando en una afirmación. Ciertos hechos irrefutables de la ciencia demuestran que si quieres sacar a relucir lo mejor que hay en los demás, debes afirmarlos de formas prescritas. Si quiere disminuir su creatividad e ingenio, usa duras críticas.

A veces, somos afortunados de tener en nuestra vida a alguien que despierta en nosotros ese deseo de propósito y significado, junto con la certeza de que podemos alcanzar logros notables o mostrar gran coraje frente a la adversidad. Algunas organizaciones también fomentan una cultura que es alentadora y positiva.

Nunca olvidaré a la Sra. Wells, mi maestra de inglés en la escuela secundaria, ni a la Sra. Chapman, mi maestra de matemáticas también en secundaria. Ellas despertaron en mí el deseo de sobresalir. Ambas reconocieron que yo tenía las capacidades necesarias para alcanzar resultados mucho mayores que la mediocridad académica que hasta ese momento tanto había caracterizado mi vida. Las dos vieron mi potencial y encontraron una manera de transformar mis propias expectativas. El Sr. Randolph, mi jefe en la zapatería donde tuve mi primer trabajo real a los 15 años, afirmó en mí la habilidad para trabajar con los demás e influir en ellos. Ellos tres creyeron en mí, me afirmaron y cambiaron mis expectativas sobre lo que yo sería capaz de lograr en mi vida. Por supuesto, me corrigieron mis errores, pero fue a través de la afirmación e infundiendo en mi interior expectativas positivas, desde el contexto de todo lo que hice bien.

Otras experiencias en la vida acaban con nuestro coraje y extinguen cualquier cantidad de nuestra motivación intrínseca. Un jefe cuya cara parece estar siempre congelada en la expresión de desaprobación nos llama la atención y marchita toda nuestra motivación con su febril crítica. El entrenador que nos grita para cambiar lo que estamos haciendo mediante poca o ninguna explicación de cómo ejecutar la jugada es una imagen que vuelve una y otra vez a nuestra memoria. Una de las terribles consecuencias que veo en el mundo corporativo, donde paso la mayor parte de mi tiempo, es una cultura persistentemente cínica y negativa que desalienta y mina el espíritu de, incluso, la mayoría de las personas resilientes. Una impotencia aprendida prevalece en la fuerza de trabajo de compañías de ese estilo.

Creo que todos podemos influir para bien en nuestros empleados, nuestras organizaciones, nuestras familias, nuestros equipos y en otros grupos a través de la afirmación. Cualquier tipo de afirmación tiene valor, pero algunos tipos ofrecen un valor que cambia la vida. Exploraremos los diferentes tipos en los Capítulos 3 y 4.

No es realmente afirmación

No hace mucho tiempo, Anne y yo fuimos a la fiesta de compromiso de la hija de un vecino y su prometido. La casa de los anfitriones era hermosa y hacía poco habían construido un gran mirador, perfecto para la elegante fiesta en aquel jardín sureño. La hierba lucía impecablemente cuidada y el impresionante jardín de rosas junto al quiosco parecía una sesión de fotos de *Architectural Digest*. ¡Mi esposa también lucía radiante esa noche!

En las fiestas, Anne y yo solemos terminar alejándonos para hablar con diferentes personas. Y aunque yo estaba conversando con algunos amigos al otro lado de la sala, escuché a una mujer acercarse a Anne y decirle: "¡Oh, Anne, tus zapatos son taaaaaan lindos!". Lo dijo estirando a propósito cada palabra monosilábica en la frase en, por lo menos, tres sílabas para hacer ¡énfasis! El nivel de energía e intensidad en su voz hubiera sido más adecuado para hacer la advertencia de un tornado en el vecindario.

Ahora, siendo un viejo perro en el área de los zapatos —vendí zapatos en la escuela secundaria y la universidad—, sé algo sobre la moda del pie. Los zapatos de Anne eran muy atractivos y en verdad complementaban su vestido, pero ¿se elevaban al nivel de la hipérbole que escuchó por parte de su amiga? Lo más probable es que no. Pudo haber sido el vino el que hablaba, pero el hecho es que se trataba de que ella quería ser amigable y entusiasta, y estaba halagando a Anne como un gesto social para entrar en conversación. Fue una reunión divertida y la mayoría de los invitados se condujo de manera amable y afectuosa. Y no me sorprendió que en ninguna de mis conversaciones de esa noche nadie me preguntara si estaba avanzando en el cumplimiento de mi propósito de vida. Ese *no* es un tema apropiado para una fiesta.

Hay una gran diferencia entre una afirmación y una palmadita en la espalda.

Un cumplido se adentra en la piel. Transmite estima y aprecio, pero no una profunda definición de quiénes somos. Por su propia naturaleza, los elogios son rituales sociales superficiales. Son perfectos para practicarlos en medio de la interacción y los necesitamos para lucir simpáticos y civilizados a lo largo de la vida. ¿El comentario sobre los zapatos de Anne cambió su vida? En lo más mínimo. El cumplido de su amiga la halagó; sin embargo, no le tramitió nada importante.

Los CEOs que entrevisté antes de escribir este libro dejaron en claro que hay una gran diferencia entre una afirmación y una palmadita en la espalda. Los elogios brindan una cierta motivación que les causa alegría a los demás, ¡pero una afirmación, sobre todo cuando cumple ciertas condiciones, nos cambia a profundidad! La palabra afirmación proviene del latín *affirmationem*, que significa estabilizar, confirmar y fortalecer[1]. La forma más profunda de una afirmación fortalece nuestro núcleo —nuestro propio sentido del yo.

Nuestro cerebro se beneficia de manera espectacular de una afirmación. Se *ilumina* con actividad eléctrica. Nos sentimos más optimistas, trabajamos más y de manera más productiva. Por el contrario, la crítica activa diferentes partes del cerebro que, metafóricamente hablando, nos *oscurecen*.

La investigación cerebral indica que una afirmación[2]:

1. Disminuye el estrés[3], mejora el pensamiento cognitivo superior[4] y activa la capacidad de resolver problemas[5].

2. Afecta positivamente a una región del cerebro asociada con el valor subjetivo[6], es decir, la ubicación de la autoestima[7]. La corteza prefrontal ventromedial evalúa cómo nos sentimos subjetivamente acerca de nosotros mismos. Una afirmación aumenta el índice de nuestra autoestima.

3. Mejora el autocontrol y nos hace más eficientes[8].

4. Nos hace más felices y más productivos[9].

5. Activa la corteza prefrontal ventromedial, que está relacionada con los cambios de conducta positivos[10,11].

6. Activa los circuitos cerebrales que se ven afectados por la liberación de hormonas como la oxitocina y la vasopresina, ambas conocidas por su papel en el desempeño de la confianza y el apego[12].

7. Activa las respuestas del sistema nervioso parasimpático[13], que respaldan la salud inmunológica, la salud cardiovascular y el equilibrio hormonal.

8. Fomenta la innovación —activa áreas del cerebro asociadas con la calma y la apertura a nuevas ideas[14].

Una afirmación nos cambia para bien e incluso llega a alterar nuestra apariencia. Disfruté mucho el documental *Jiro Dreams of Sushi*[15]. Jiro Ono posee y opera un restaurante de sushi en Ginza, Chuo, Tokio, Japón, llamado Sukiyabashi Jiro. La Guía Michelin le otorgó 3 estrellas a este restaurante de sushi de fama mundial, claramente el mejor del mundo.

Jiro ejemplifica al líder severo, exigente y de gran expectativa. Su aprendiz de chef, Daisuke Nakazawa, labora por 10 años con la esperanza de recibir la última confirmación de Jiro. En el documental, dice Nakazawa:

Después de unos 10 años, te dejan cocinar los huevos. He estado practicando hacer el sushi de huevo por un largo tiempo. Pensé que sería bueno en eso. Pero cuando se trataba de hacerlo en medio de una situación real... seguía equivocándome. Estaba cometiendo hasta cuatro errores por día y Jiro seguía diciéndome: "¡No está bien, no está bien, no está bien!". Yo sentía que era imposible satisfacerlo. Después de tres o cuatro meses, había hecho más de 200 y todos fueron rechazados. Cuando por fin hice uno bueno... Jiro me dijo: "¡Ahora sí. Así es como debe hacerse!". Estaba tan feliz, que lloré. Pasó mucho tiempo antes de que Jiro se refiriera a mí como un shokunin. Y cuando me lo dijo, yo quería decirle: "Acabas de llamarme shokunin, ¿verdad?". ¡Me sentía tan realizado, que quería tirar mi espada al aire! Pero traté de no demostrarlo. Eso fue el resultado por el que luché después de todos estos años.

Shokunin significa "artesanal" y constituye la expresión de afirmación más alta de Jiro. Vale la pena ver la película para observar la cara que pone Nakazawa a medida que cuenta la historia. Claramente, los elogios de Jiro no son solo una palmada en la espalda por un trabajo bien hecho. Nakazawa logró habilidades técnicas superiores, pero lo más importante es que alcanzó un llamado existencial que tenía en cuanto a ser el mejor para brindarles bienestar a los demás. Su logro reflejó la implacable búsqueda de la excelencia, pero también manifestó un llamado espiritual que definía en quién se había convertido. Nakazawa no puede contener la alegría en su rostro[16].

¿No es esta la influencia transformacional que queremos ejercer en aquellos que lideramos, criamos, enseñamos o entrenamos? *Sé un Influencer* busca sacar a relucir lo mejor de las personas importantes en nuestra vida.

He trabajado como consultor en cientos de organizaciones y tengo la firme opinión de que el mundo corporativo no ha integrado bien los beneficios de la afirmación. He conocido a algunos líderes que han sido excepciones notables; sin embargo, los beneficios considerables de la afirmación no se han cosechado en la mayoría de las organizaciones que he observado. Por esa razón, pocos maestros, entrenadores e incluso padres han puesto en acción el poder de la reputación transformacional en el trabajo. Les dan palmaditas en la espalda a sus empleados y les ofrecen algunos "buenos trabajos", pero nada que les llegue al núcleo de ellos como personas.

A menudo, en la mayoría de las organizaciones, los métodos utilizados para proporcionarles retroalimentación a los empleados, como la evaluación del desempeño o los sistemas de retroalimentación de múltiples evaluadores, logran lo contrario de lo que se pretende porque los evaluadores se concentran vez tras vez en las deficiencias de los evaluados.

Muchas organizaciones languidecen porque su cultura empresarial fomenta una atmósfera negativa y crítica. A los líderes les ha faltado conciencia para crear una cultura que confirme y aliente. Por esta razón, la mentalidad de *gotcha* (te agarré) prevalece donde los líderes siempre buscan a ver quiénes están cometiendo errores. También veo esta mentalidad en las organizaciones de consultoría, incluidas varias donde serví. Es como poner en práctica el *modelo de enfermedad* utilizado en el campo de la medicina, donde los médicos están entrenados para ver qué le pasa al paciente. Lo que es más desconcertante es la euforia que los miembros de las organizaciones manifiestan con respecto a las formas desordenadas en que otros departamentos distintos a los suyos funcionan. Las peleas entre ventas y operaciones o ventas y mercadeo son legendarias.

En la mayoría de las organizaciones, los métodos utilizados para proporcionarles retroalimentación a los empleados, como la evaluación del desempeño o los sistemas de retroalimentación de múltiples evaluadores, a menudo logran lo contrario de lo que se pretendía porque los encargados de realizar estas evaluaciones se concentran casi siempre en las deficiencias. La ciencia del cerebro nos dice que estos métodos tienden a activar un *sesgo de negatividad* natural que está integrado en todos nosotros. En muchos aspectos, también parece más fácil criticar. Nuestra propia naturaleza parece gravitar de esa manera casi que de forma automática.

El hecho es que la afirmación como tal no está en el repertorio de muchos líderes organizacionales (ni en padres, maestros, entrenadores, etc.). Cuando veo un gerente impulsado por el cumplimiento de tareas, de esos que no valora las habilidades blandas y parece deleitarse con una personalidad definida por "soy duro, severo, estricto y hago que la gente me rinda cuentas", sea lo que sea que eso signifique, supongo que responsabilizar a la gente significa que pronto habrá un día de ajuste de cuentas.

Por lo general, este pronunciamiento se realiza con un presentimiento apocalíptico o mediante un tono de autojustificación: "No dejo que mi equipo se salga con la suya. Soy el tipo de gerente que llama a su gente a cuentas. Voy a encontrar a los holgazanes de una manera u otra y ellos pagarán". También noto que estos gerentes tienen el hábito de fruncir el ceño. Es una mezcla entre el nerviosismo y el fingimiento sombrío de un director de funerales. Parece que estoy describiendo al personaje de Scrooge en *Una historia de Navidad*, pero no me estoy inventando este gesto. Lo veo durante ciertos pronunciamientos gerenciales incluso en organizaciones que se enorgullecen de tener una cultura positiva.

Por supuesto, debemos solucionar los problemas en nuestras organizaciones (y lograr que los niños acepten responsabilidades apropiadas para su edad), pero como veremos en capítulos posteriores, existen métodos para involucrar partes del cerebro que son inherentemente mejores en la resolución de problemas y para efectos de innovación. Los grandes líderes trabajan duro para no aprovechar el sesgo de negatividad inherente a nuestro cerebro y, en cambio, centran su energía en acceder a las partes de nuestro cerebro que nos hacen innovadores, mejores para resolver problemas y más resilientes. Hay un caso claro para discutir y remediar el comportamiento de los seguidores que no están alineados con los objetivos que hemos establecido, pero ahora tenemos evidencia irrefutable de que la forma en que brindamos retroalimentación marca una enorme diferencia en la motivación y la efectividad de los trabajadores.

Una afirmación no puede resolver cada problema, ni curar a cada persona quebrantada.

En algunos casos, también es bastante obvio que ciertos empleados, simplemente, no pertenecen a la organización. He estado trabajando con un equipo de liderazgo de una compañía de componentes electrónicos por muchos años. Allí, una empleada era tan disociadora y creó tanta confusión en el equipo, que le recomendé de manera encarecida a la organización que le ayudara a irse. Esta recomendación se produjo después de varios años de intentar ayudarle a ser más consciente de sí misma y más autónoma. A pesar de mis esfuerzos, así como los de los CEOs y de otros miembros del equipo, ella no cambió jamás. El equipo se me acercó fuera de la reunión habitual a la que normalmente asistía para preguntarme cómo podrían precipitar su despido. Ellos sentían que su comportamiento perturbador se había vuelto tan atroz y su trabajo tan incompetente y poco ético, que no entendían por qué todavía no había sido despedida. Algunos de ellos amenazaron con abandonar la empresa porque sentían que no podían soportar trabajar otro día con ella. Varios incluso especularon cínicamente con respecto a que ella debía tener alguna relación dudosa con alguien de los mandos de arriba. De lo contrario, seguramente ya habría sido despedida. ¡Yo me preguntaba lo mismo! Es importante reconocer desde el principio que una afirmación no puede resolver cada problema, ni curar a cada persona quebrantada.

La afirmación: una forma de influir

Este libro trata sobre cómo una influencia puede sacar lo mejor de los demás. Establezcamos desde el principio que la influencia positiva es el resultado que todos buscamos. La afirmación es el medio por el cual logramos esa influencia. Si queremos ejercer una influencia e incentivar lo mejor en quienes nos rodean, debemos dominar el arte de la afirmación. Necesitamos aprender a identificar personas, equipos e incluso organizaciones enteras. También debemos aprender cómo una afirmación puede ayudar a la gente que va en la vía rápida y también a la de bajo rendimiento.

La última vez que revisé, había un suministro ilimitado de afirmaciones disponible. No es que tengamos que racionarlas.

Mi esperanza es que podamos difundir más y más afirmaciones en todos los ámbitos de nuestra sociedad. En el mundo de hoy, la divisibilidad parece abrumadora. Imagínate lo que ocurriría si nuestros líderes políticos se afirmaran más unos a otros. Si los comentaristas profesionales afirmaran incluso a los líderes con quienes tienen fuertes diferencias en cuanto a su visión política. ¿Qué pasaría si hiciéramos más afirmaciones al interior de nuestras familias, nuestras aulas y nuestras organizaciones religiosas? Aunque rechazo cualquier idea de que la afirmación curará todos los males de la sociedad, ¿no estaríamos más sanos como sociedad si se tejiera una atmósfera de afirmación frente a las constantes disputas y arengas de la negatividad?

La última vez que revisé, había un suministro ilimitado de afirmaciones disponible. No es que tengamos que racionarlas. Harían más saludables a quienes nos rodean, más innovadores y, simplemente, más felices si los afirmáramos con más espontaneidad.

La mayor parte de las afirmaciones que expreso se dirige a las personas con las que trabajo, a mis clientes, a mi familia y a quienes busco alentar en mi esfera de influencia. Las oportunidades para brindar una afirmación, así como las personas a las que nos gustaría afirmar, también pueden ser bastante circunstanciales. Hace poco, Anne y yo tuvimos un mesero cuyo servicio fue especial y excelente en un restaurante al que salimos a cenar. Lo afirmamos y le agradecimos por su magnífica atención (y además, se lo manifestamos a su gerente). Su voz se tornó un poco ronca cuando recibió nuestra afirmación. También recientemente, tuve la oportunidad de encontrar un pintor que hizo un muy trabajo en nuestra casa. Lo afirmé por hacer aquello que se compromete a hacer y cumplir con los plazos acordados. Cuando le agradecí por su integridad, se le aguaron los ojos.

En el aeropuerto de Atlanta hay un paso peatonal que uso con frecuencia y los automóviles casi me han golpeado varias veces al pasarse a toda velocidad la señal de pare que hay en ese cruce peatonal. Así que le expresé a la nueva oficial de policía cuánto aprecio su firmeza y el control que ejerce sobre el paso de peatones. Ella sonrió ampliamente. Aunque no pretendo sugerir que soy un dechado de virtudes, se me ocurre que sí es posible cambiar nuestra parte del mundo en que vivimos a través de esta simple práctica. Por favor, ¡practica la afirmación!

La tarea que tenemos por delante es aprender cómo funciona la afirmación. ¡Imagínate si todos supiéramos cómo compartir palabras de vida con los demás, así como las que el entrenador le compartió a mi hijo!

Parte 2

Cómo trabaja
Sé un Influencer

3 Afirmación táctica

Afirmando estilo y competencia

Hace algunos años, me dirigí a un grupo de líderes que se reunió en Izmir, una ciudad de Turquía, en la costa del mar Egeo. Es una zona hermosa y muy rica desde el punto de vista arqueológico. Algunas investigaciones, Marco Antonio y Cleopatra se escapaban a la cercana Éfeso para reunirse allí los fines de semana. En mi calidad de orador, mi fotografía apareció en algunos carteles alrededor del hotel anunciando que pronto presentaría allí mis conferencias.

Soy alérgico al polvo, así que, cada vez que me quedo por más de una noche en un hotel, a menudo les dejo una nota sobre esto a las mucamas. Con mucha gentileza, les solicito que quiten la colcha de la cama cuando la habitación esté limpia. Sé que suena un poco particular, pero, para mí, las colchas son imanes de polvo; y, solo entre tú y yo, no me gusta lo que viene a mi imaginación cuando pienso en qué más podrá haber en esas colchas con tanta gente que se sienta en ellas, poniendo maletas sobre ellas y quién sabe qué más. Por lo tanto, le dejé mi nota a la mucama de turno. Escribí: "Por favor, quite la colcha de la cama". Problema resuelto.

Esa noche, mi esposa y yo cenamos con otras tres parejas que asistieron a la conferencia. Mientras charlábamos sobre cómo estuvo el día para todos, una de las esposas preguntó: "¿Les arreglaron hoy sus habitaciones? Nuestra colcha ni siquiera estaba puesta en la cama". Ante ese comentario, las otras dos esposas dijeron: "Es extraño, las nuestras tampoco".

De repente, me di cuenta de que el personal de limpieza debió haber visto mi foto y pensó que yo era uno de los organizadores de la conferencia. ¡De alguna manera, tomaron mi nota como una solicitud para quitar las colchas de todas las camas correspondientes a las habitaciones de nuestro grupo! ¡Reservamos más de 400! El hecho es que en la tarde me enteré de que su supervisor les había ordenado a todas las mucamas no poner las colchas ¡en *ninguna* de nuestras camas cuando limpiaran las habitaciones!

Esa noche, cuando Anne y yo nos estábamos preparando para ir a la cama, le dije: "Bueno, supongo que no tenías ni idea de cuán poderoso e influyente es tu esposo". Ella me respondió: "¡Lo que creo al respecto es que los empleados de este hotel no deben entender muy bien el inglés!".

Por fortuna, tengo una esposa muy inteligente y con gran sentido del humor. Y además, también sabe cuándo controlar mis excentricidades. Yo proseguí diciendo: "Me gusta pensar en mí como alguien seguro de sí mismo —tengo claro lo que quiero y lo comunico con claridad". Ella añadió: "No, lo que ocurre es que tú eres muy exigente".

Todos tenemos características que nos definen. Si lo pienso un poco, tal vez sí soy un poco exigente. Lo cierto es que cualesquiera que sean las características de nuestro estilo, tendemos a actuar de maneras bastante habituales y predecibles; tanto así que, quienes nos conocen o trabajan con nosotros, ya saben lo que diremos o cómo vamos a reaccionar ante determinadas circunstancias. ¿Alguna vez has notado cómo algunas personas saben expresar un pensamiento contrario al tuyo en una conversación y esto beneficia la discusión? Sin embargo, también hay quienes expresan ese mismo pensamiento contrario, pero no saben hacerse sentir como adversarios, al punto en que su opinión resulta infructuosa. Es cuestión de estilo.

La afirmación debe ir muy bien dirigida para que alcance tres dimensiones en la psique humana.

Y si una afirmación influye poderosamente en otra persona —un subordinado en el trabajo, un niño, un estudiante o un jugador de nuestro equipo—, ¿qué hace que así sea? La afirmación debe ir muy bien dirigida para que alcance la psique humana y surta un efecto transformador e influya en nuestro interlocutor.

La afirmación varía de acuerdo a tres dimensiones o fases, como aparece en la Figura 3.1.

1. Estilo tradicional: son esos patrones predecibles que nos caracterizan. Nuestro estilo determina **qué tan bien nos reciben los demás tanto a nosotros como a nuestras ideas.**

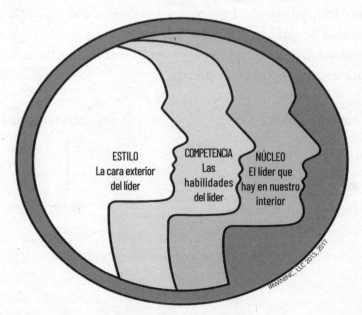

Figura 3.1 Las tres caras del líder

2. Competencia: son las habilidades y conocimientos que hay detrás de las acciones efectivas. Nuestras competencias determinan lo **que somos capaces de hacer.**

3. El núcleo: es nuestra persona interior, el líder que hay dentro de nosotros. Nuestro núcleo determina quiénes somos —**nuestro personaje.**

Todo líder que busque sacar a relucir lo mejor que hay en los demás afirma a los miembros de su equipo en cada una de estas tres áreas, pero el cómo y el cuándo varían en gran manera.

Una afirmación de nuestro estilo y competencia pertenece a la categoría de *influencia táctica.* Esta ocurre a nivel básico, se da a diario, se trata de iniciativas transaccionales que utilizamos para hacer nuestro trabajo. Los líderes usan este tipo de afirmación día a día, semana a semana.

Afirmar el núcleo de alguien se conoce como una influencia estratégica. Por estratégico, me refiero a largo alcance, más profundo, transformacional y global. *La influencia estratégica* tiene la capacidad de cambiar a quienes lideramos en su persona interior. Los líderes usan este tipo de afirmación con menos frecuencia y de manera más oportuna y precisa.

Figura 3.2 Cómo se aplican la influencia táctica y la estratégica

La Figura 3.2 resume las diferencias entre la influencia táctica y la estratégica.

Tal como ya lo establecimos, la *afirmación es la mejor estrategia para influenciar a quienes lideramos, pero su contenido* es bastante diferente, dependiendo de si estamos afirmándolos de manera táctica o estratégica. Los grandes líderes generan una cultura intencional de la afirmación usando el contenido apropiado de cada una de ellas para hacer que sean tácticas o estratégicas, según sea el caso. Este capítulo se centra en la importancia de la afirmación táctica (una afirmación de nuestro estilo y competencia). El Capítulo 4 describe la afirmación estratégica (una afirmación de nuestro núcleo). Una organización sana y que funciona bien (o una familia o un equipo) necesita afirmaciones tanto tácticas como estratégicas. Ambas deben ser parte de la estructura de nuestra cultura organizacional para sacar a relucir lo mejor de aquellos a los que lideramos.

¿Cómo afirmamos el estilo de aquellos a quienes buscamos influir?

Un hombre que andaba en busca de trabajo encontró un anuncio intrigante en el sitio web de una organización. El aviso decía: "Debe amar los animales y se requieren habilidades de actuación". El hombre envió por correo electrónico su currículum declarando su devoción a los animales y promocionando su papel principal en una presentación que hizo en su club de drama de la escuela secundaria. Para su sorpresa, la organización interesada era el zoológico local y lo llamó de inmediato. La atracción protagónica del zoológico, el gorila, necesitaba cirugía.

El animal estaría recuperándose durante varias semanas, por lo que el zoológico quería disfrazar a alguien con traje de gorila para ver si se podía engañar al público durante uno o dos meses mientras el verdadero gorila se recuperaba. Como el hombre necesitaba trabajo, aceptó esa oportunidad y resultó ser que, al ponerse el traje de gorila, lograba engañar al público, si no se le acercaba demasiado.

Para su sorpresa, el hombre disfrutaba el trabajo. No era demasiado estresante y tenía muchos admiradores. Un día, un grupo grande de visitantes se reunió frente a su jaula y el gorila decidió volverse un poco más atrevido. Decidió balancearse al igual que lo hacen los acróbatas en el circo y desde el trapecio colgado sobre su jaula, hacer una voltereta en el aire y agarrar el trapecio que colgaba al otro extremo. Como nunca había hecho algo así antes, calculó mal la distancia y se lanzó tan lejos cuando soltó el primer trapecio, que subió por el aire y cayó sobre la pared de la jaula adyacente.

Para su horror, aterrizó en la jaula del león y el enorme animal se puso extremadamente agitado, corriendo de un lado a otro en su jaula, rugiendo y sacudiendo su tupida cabeza en señal de protesta. La gente le gritaba al funcionario del zoológico que interviniera en lo que prometía ser una batalla real entre alienígenas versus depredadores. De repente, el león giró y se dirigió directo hacia el intruso. Justo cuando el gorila estaba a punto de gritar pidiendo ayuda, el león se inclinó y dijo: "¡Cállate, tonto, o los dos estaremos en grandes problemas!".

Todos llevamos puesto una especie de traje —un traje de gorila, un traje de león, un traje de oso, un traje de jirafa o cualquier otro tipo de traje—. Ese traje que usamos es nuestro estilo tradicional, el que nos define de manera bastante consistente, el que otros anticipan con respecto a nosotros y a nuestras reacciones y nuestro discurso. Es la forma en que nos encontramos con los demás. Lo que hace que quienes nos rodean deduzcan: "Él es intenso", "Está callado", "Ella es un poco brusca", "Su estilo entusiasta es contagioso", "Es peculiar", "Es tranquila." Un gerente con el que trabajo padece de un intenso "caso terminal de certeza". Nunca duda, habla con gran autoridad incluso cuando no hay necesidad. Su estilo de "soy una gran autoridad en todos los temas" es obvio y de esperarse siempre.

Estilo y receptividad

Nuestro estilo ejerce un gran impacto en la forma en que nos presentemos ante los demás. Y lo más importante, determina cómo otros nos reciben, junto con nuestras ideas. Por ejemplo, yo tiendo a ser un poco serio e introspectivo, así que si no soy cuidadoso, quienes me rodean tienden a percibirme como distante o antipático. A nadie le gusta una persona distante y antipática, y, si me comporto de esa manera, disminuirá la receptividad de los demás hacia mí. En general, soy cálido y atento, pero mi estilo serio oscurece en gran manera mi lado cálido. Por tal razón, siempre estoy recordándome a mí mismo que debo sonreírle a la gente con la que estoy hablando. La sonrisa ayuda a que mi calidez se abra paso y hace que otros sean más receptivos hacia mí y hacia mis ideas. La autoconciencia nos ayuda a aprovechar nuestros atributos positivos y a mitigar aquellas características que comprometen nuestra efectividad.

Nuestro estilo también se ajusta a nuestras capacidades y habilidades (nuestras competencias), y determina de manera sustancial cómo desplegarlas y ser efectivos. Todos conocemos a inventores o científicos en el campo de la investigación que no aciertan en cuanto a relacionarse con los demás. Son personas que suelen ser brillantes, pero su estilo funciona como un impedimento para que los demás las acepten tanto a ellas como a sus ideas.

Por otra parte, el estilo también facilita la receptividad. El estilo de una persona les ayuda a otras a ser receptivas a sus recomendaciones. Hace varias semanas, le manifesté a un CEO que su estilo inspiraba confianza y esperanza con respecto a sus planes de crecimiento en beneficio de la compañía. Sus objetivos de crecimiento fueron creíbles, pero además, su estilo generó optimismo porque supo comunicar con bastante claridad cuáles eran sus metas financieras, lo cual era, básicamente, información. Sin embargo, la manera en que la comunicó fue inspiradora.

Analiza las siguientes cuatro posibles formas en que podrías decirle "No" a un subordinado que desea buscar una nueva iniciativa de mercadeo:

1. "Es una propuesta muy creativa y fuera de lo común. Hemos caído en cierta rutina y necesitamos este tipo de concepto de ruptura. Mi única pregunta es si este es el momento adecuado para presentársela al equipo ejecutivo. Trataré de analizar mejor cuándo sería esa situación óptima para comenzar a socializarla. Por ahora, mantengámosla a fuego lento. Apreciamos bastante tu iniciativa y tu mentalidad innovadora".

2. "No estoy interesado en seguir con esa idea ahora. Tal vez, en otoño".

3. "Tendrás poco éxito. No creo que convenzas a nadie con esto".

4. "Perseguir esa idea es una completa pérdida de tiempo y nunca convencerías al CEO".

La acción requerida en las cuatro respuestas es esencialmente la misma (posponer la propuesta), pero el estilo es bien diferente (los cuatro son ejemplos reales que he escuchado en diversas reuniones). Mi abuela Goldie solía decir: "No es lo que dices, sino cómo lo dices". ¡Las respuestas 2 a 4 necesitan algo de trabajo si estamos interesados en sacar a relucir lo mejor de los demás!

Para afirmar el estilo de quienes lideramos, debemos desarrollar un vocabulario de estilo.

Cuando alguien confirma nuestro estilo, nos transmite el reconocimiento de que nos fue bien al realizar una tarea, dirigir un equipo o construir una relación. En el Capítulo 6 trataremos acerca de cómo hacer para ayudar a alguien cuyo estilo no está alineado con sus aspiraciones personales o con los valores y la cultura de la organización a la que pertenece.

Para que la idea de estilo sea práctica y accesible, he incluido cuatro ejemplos que utilizo en mi trabajo con ejecutivos sénior. No critico el hecho de que tengamos un estilo tradicional, sino que lo tomo como punto de referencia. Cuando identificamos estas características en las personas que lideramos, es muy importante definir y luego afinar su estilo, sobre todo cuando esas distinciones agregan valor y contribuyen al éxito de ellas y al nuestro. Para afirmar el estilo de quienes lideramos, debemos desarrollar un vocabulario de estilo.

Como en la mayoría de las áreas del comportamiento humano, nuestro estilo tradicional consta de un lado claro y de otro oscuro.

Los cuatro tipos de estilo tradicional —hacedores, defensores, idealistas y desafiantes— incluyen características que tienden a usar bien durante su interacción, así como aspectos que interfieren en su efectividad. En el siguiente recuadro, incluyo ejemplos de declaraciones fijas para cada tipo de estilo.

Estilo del líder tradicional
El hacedor utiliza la acción enfocada
para realizar tareas

Ventajas
Práctico
Organizado
Enfocado
Analítico
Utiliza hechos y experiencias como puntos de referencia.

Posibles desventajas

Falta de atención a la dimensión interpersonal —puede ser insensible.

Poco entusiasmo

Poca creatividad

Muestra falta de respeto por aquellos que carecen de lógica y habilidades técnicas.

Inflexible

Afirmaciones típicas

"Gracias por enfocarse en cumplir con la fecha límite".

"Gracias por llevar la discusión hacia la solución del verdadero problema".

Estilo defensor-tradicional
Utiliza la consideración de aquellos más afectados
por las decisiones y la inclusión/participación
de los principales interesados

Ventajas

Atento a los demás y a sus necesidades.

Les presta ayuda práctica a las personas.

Confiado

Leal

Inclusivo

Comprometido con las relaciones y el equipo.

Sincero, cuidadoso, servicial y brinda apoyo.

Posibles desventajas

Falta de atención al logro de la tarea.

Ingenuo

Falta de decisión con respecto a lo que hay que hacer con las personas difíciles.

No tiene lógica, ni capacidad de análisis.
No se enfoca en los resultados.

Afirmaciones típicas
"Gracias por alentar al equipo hoy".
"Realmente, involucraste a Jenny en la discusión".

Estilo idealista-tradicional
Utiliza valores e ideales inspiradores para
guiar iniciativas estratégicas

Ventajas
Expresa valores y directrices que inspiran.
Persuade con palabras edificantes e ideales.
Entusiasta
Motivador
Alegría contagiosa

Posibles desventajas
Mucha inspiración, pero poca atención a la implemen-
tación.
Poco práctico
Propenso a defender ideales que no vienen al caso.
Se pierde en palabras eficaces.
Impaciente con aquellos que quieren profundizar en los
detalles.
Acentúa sus virtudes sin prestarle atención a sus debili-
dades.

Afirmaciones típicas
"Su presentación inspiró a nuestro grupo a elevar el nivel de lo que hacemos".

"Su comentario con respecto a los valores guía de nuestro equipo nos ayudó a tomar una mejor decisión hoy".

Estilo defensor-desafiante

Utiliza un estilo desafiante para superar las barreras y promover la innovación y la excelencia

Ventajas
Acaba con el *statu quo*.
Extiende las fronteras.
Tiene claridad en cuanto al objetivo.
Nos recuerda a la misión y el propósito.
Le presta atención a la meta y al desafío.

Posibles desventajas
Impaciencia con aquellos que no aceptan de inmediato las nuevas ideas.
Dominante: "Sé que tengo razón sobre esto".
No está abierto a nuevas ideas propuestas por otros.
Intimidante
Tiende a limitar la creatividad de los demás.
Falta de aprecio por aquellos que no están tan conceptualmente arraigados.
Afirmaciónes tópicas
"Hoy, realmente nos ayudó a salir con nuevas ideas".
"Identificó con gran rapidez el problema real y la mejor solución".

Si bien ningún modelo describe a los demás a la perfección en cada situación, sí tenemos formas bastante consistentes en las que trabajamos y nos relacionamos con quienes lideramos. Para sacar lo mejor de los demás, debemos tratar de afirmar esas cualidades que les ayudan a nuestros seguidores a maximizar su efectividad. Nuestro estilo —o el "traje" que usamos— juega un papel vital en la determinación de la efectividad de nuestras acciones.

Incluso podemos ver estas tendencias al principio de la vida de nuestros hijos. Ellos mostraron características en la escuela primaria y durante la adolescencia que aún son bastante observables en su edad adulta —ciertos aspectos fundamentales de su comportamiento, que podríamos considerar como estilo—. A medida que maduraron durante la universidad y la adultez temprana, su estilo se volvió aún más distintivo y cada vez más eficaz en su forma de relacionarse con los demás.

Los líderes deben definir el estilo de sus subordinados para que este les ayude en su trabajo. En los capítulos 6 y 10 veremos qué hacer cuando el lado más oscuro de su estilo disminuye su rendimiento laboral.

Competencia

La afirmación táctica también incluye la competencia —la fuente de acciones para bien o para mal en aquellos que buscamos influir—. Afirmar su competencia nos brinda la oportunidad de sacar lo mejor de aquellos que lideramos.

Hace poco, un gerente del área de contabilidad de una empresa de fabricación me comentó acerca de una interacción que tuvo con su jefe. Fue una falta de *juicio* evidente —competencia que es vital en el lugar de trabajo—. El gerente introdujo torpemente un tema que no tenía nada que ver con el propósito de la reunión. Lo cierto es que la retroalimentación que él le dio su a jefe estuvo mal sincronizada y, peor aún, sus comentarios hicieron que su jefe se sintiera como si fuera cuestionado con respecto a una recomendación importante que le hizo su jefe, el CEO de la compañía. El jefe de mi cliente se irritó bastante y se mantuvo distante de él durante todo un mes, más o menos.

Durante el desayuno, mi cliente y yo, reconociendo que actuó imprudentemente, examinamos cómo transcurrió aquella reunión. Su jefe tiende a ser inseguro, de piel delgada y, en general, vive a la defensiva. Mi cliente lo sabía y se dio cuenta de haber desperdiciado la oportunidad de construir el nivel de confianza profesional con él. Hablamos sobre qué y cómo hacer para volver a restablecer la comunicación y mejorar la relación entre ellos, y él concluyó que necesitaba disculparse por haber malinterpretado a su superior reconociendo que se precipitó a opinar sobre el tema que él expuso, permitiendo que su juicio se nublara tomando una acción impulsiva. "No podía esperar", dijo, "e impulsivamente me metí en lo que sabía que era un tema volátil. En retrospectiva, me di cuenta de que sí había podido esperar hasta que hubiera condiciones más favorables para dar una opinión más adecuada al respecto". Le tomó varios meses de esfuerzo, pero al fin hubo deshielo en la relación. Mi función fue afirmarle su persistencia en la reparación de la relación y su determinación de aprender de su error, pero también nos enfocamos en que tuviera presente la advertencia de que debió haberlo escuchado desde el comienzo.

Una paráfrasis de un antiguo rey dice: "*¿Ves a alguien hábil en sus acciones? Él o ella terminará en la cima de la organización*[1]". Nuestras competencias, como el juicio, tienen un gran impacto en nuestro éxito en el trabajo y en la vida. Elogiar la competencia de cualquiera que busquemos liderar es vital.

Los siguientes ejemplos describen una variedad aleatoria de competencias importantes:

- Comunica claramente la visión.
- Crea un equipo fuerte y saludable.
- Fomenta fuertes compromisos éticos entre los subordinados.
- Maneja el conflicto hábilmente.
- Desarrolla un plan de sucesión viable para completar funciones clave en toda la organización.

- Inicia una colaboración interfuncional con un equilibrio apropiado entre la inclusión y la eficiencia en la toma de decisiones.

- Crea un proceso de desarrollo intencional y bien planificado para los líderes emergentes de la organización.

- Fomenta una cultura de trabajo/equilibrio de vida consistente con los valores establecidos en la organización.

- Construye una cultura saludable y edificante.

- Genera una alineación en el equipo que contenga claridad de objetivos.

- Asume la responsabilidad personal por el desempeño de la organización.

- Construye confianza en sus relaciones críticas.

- Toma decisiones oportunas.

- Fomenta la innovación.

- Monitorea las métricas clave.

- Escucha las opiniones de sus compañeros.

- Evita cometer errores que atenten contra la sana convivencia.

- Colabora en todo y con todos.

- Contrata colaboradores expertos en su área de trabajo.

- Aprende y crece continuamente.

- Motiva a los miembros del equipo.

- Combate la ambigüedad.

Competencias como las anteriores nos dan la base para lograr lo que queremos. Al igual que el estilo, la afirmación de las competencias que nuestros subordinados emplean en su trabajo ofrece una plataforma para ejercer influencia. Muchos de los CEOs que entrevisté antes de escribir este libro me hablaron sobre cómo afirmar el trabajo de nuestros subordinados. Sus recomendaciones se resumen en las siguientes cinco pautas para hacer una afirmación efectiva e incluyen algunos ejemplos.

1. Mostrar aprecio hacia las competencias implícitas en las acciones. Gran parte de los comentarios sobre el desempeño en las organizaciones hace referencia a logros específicos. Expresamos afirmaciones como: "Las medidas financieras se ven muy bien", "Alcanzó su meta de ventas", "El nivel de ventas aumentó en un 5% durante el último trimestre", "El nuevo analista de ventas es un excelente compañero de equipo". Y aunque es importante destacar los logros, las competencias que se requieren para alcanzarlos también deben ser fuertemente afirmadas. Necesitamos hacer afirmaciones como: "Usted construyó un fuerte equipo de ventas, el cual se está desempeñando hasta alcanzar los más altos niveles. Las cifras que nos está presentando son el resultado de su arduo trabajo y demuestran que usted ha conseguido llevar a su equipo al punto de colaborar incluso con otros departamentos para servirles mejor a nuestros clientes".

2. Afirmar los logros, manteniéndolos siempre en contexto —por qué eran importante en el momento de escogerlos. "La junta cree que debemos complementar y solidificar nuestro desempeño en el mercado de alta gama con algunos productos de nivel medio. El análisis de la marca que su equipo completó hace poco logró convencer a la junta directiva de que es necesario ingresar a ese mercado. Nuestro CEO aprovechó sus datos para sustentar la inversión. Su excelente investigación, aunada a la forma convincente en que la presentó, contribuyó a acelerar este paso en, por lo menos, 18 meses".

3. La información debe ser oportuna —en tiempo real. "El mensaje llegó de la oficina de la Costa Oeste esta tarde. Dijeron que la implementación de los nuevos sistemas fue tan fácil, que los miembros del equipo no podían creerlo. Pensaron que la división de ventas/operaciones torpedearía su esfuerzo. ¡Así que ellos están felices y nosotros también!".

4. La confianza debe preceder a la retroalimentación, sobre todo cuando es contraria. "Por lo general, usted sabe muy bien cómo manejar el conflicto. Entiendo que la reunión se fue por la tangente y la gente se sintió bastante frustrada. Usted sabe que confío en su manejo de estas cosas —he sido bastante claro al respecto—. Creo que, en conjunto con el departamento de operaciones, debería planear una forma de salir de este callejón sin salida y tenerla lista al final de la semana. Tanto usted como Joe podrían pensar en algunas estrategias para que la reunión dé buenos resultados la próxima vez".

5. Una afirmación debe emanar de una razón auténtica cuando se proporciona retroalimentación. "No estuvimos de acuerdo en si el mercado estaba listo para este tipo de producto de inversión. Yo tenía serias dudas al respecto y usted les prestó toda la atención del caso tanto a mis reservas como a mis preocupaciones. Esto hace que mi confianza hacia usted sea enorme y, en la forma en que abordó esta situación, mi confianza en usted sigue aumentando. Aunque me siento un poco escéptico frente a los riesgos, quiero continuar con usted en este proceso. Lo animo a que prosigamos y créame que haré todo lo que esté a mi alcance para contribuir a que este esfuerzo tenga éxito".

Afirmar la competencia de un subordinado crea una oportunidad poderosa para ejercer influencia. John Pepper cuenta la historia acerca de una ocasión en que él cometió un gran error. Invirtió en un nuevo producto en P&G, pero a su jefe le pareció que esa fue una mala decisión. Resultó serlo. Así las cosas, John fue a la oficina de su jefe sabiendo que sería despedido. Había perdido millones de dólares en un nuevo producto que nadie quería y, por tal razón, le manifestó que esperaba ser despedido, pero su jefe le contestó: "Despedido, ¿qué quiere decir? Acabamos de invertir $10 millones de dólares en su programa de capacitación". Varios años después, Pepper se convirtió en CEO de P&G. ¿Te imaginas la afirmación que recibió Pepper a través de esa experiencia?

"Sí, usted hizo algo realmente descabellado al crear ese terrible producto, pero valoramos sus habilidades e incluso asumimos los riesgos". Además, Joe aprendió algo de humildad.

¿Por qué afirmar?

Nunca debemos perder de vista el porqué de una afirmación. Esa es la manera de influir en otros y sacar a relucir lo mejor de ellos. Necesitamos basarnos en la premisa de que nuestros subalternos quieren hacer un gran trabajo y tener éxito en lo que se les encomendó.

Sin embargo, cuando esa premisa está en duda, es posible que tengamos a la persona equivocada ejecutando el trabajo. Si bien este libro aborda temas organizacionales, los principios expuestos son aplicables mucho más ampliamente.

Un entrenador podría decirle a un jugador: "Hiciste un gran juego y mantuviste al otro equipo fuera de nuestro campo de juego toda la noche". Un maestro podría decir: "Usted trabajó duro este año y demostró una excelente comprensión del cálculo del nivel AB. Quiero que esté en matemáticas AP el próximo otoño". Un padre podría decir: "Estoy muy orgulloso de ti por estar tan organizado. Estás terminando todas tus tareas escolares a tiempo. ¡Ese es el camino a seguir!".

La afirmación implanta las creencias en el núcleo de las personas que queremos influir, como vimos en el Capítulo 2. Estas creencias forman un conjunto de expectativas. Cuando un jefe confirma el estilo o la competencia de un trabajador, aumenta su convicción: "Soy competente. Puedo hacer esto". Así, cuando surgen circunstancias nuevas o más desafiantes, él actúa de acuerdo a la creencia que le fue implantada.

Lamentablemente, lo contrario también es cierto. Imagina a un niño que ha sido disminuido por un padre crítico durante un largo tiempo. Calcula cuáles serán las creencias que se formaron en su núcleo: "Soy estúpido. Soy feo. No sé cómo llevarme bien con los demás". Cuando yo era niño, una chica popular que era unos años mayor que yo a menudo me llamaba "tonto". ¡No debía importarme lo que ella pensara de mí, ya que yo no podía hacer nada al respecto! Sin embargo, ¡yo no tenía la confianza en mí mismo para ignorarla! Me tomó mucho tiempo remplazar esa creencia y comenzar a ver que yo sí podía sobresalir no solo en la escuela, sino también en la vida. Tenemos el privilegio de fortalecer a quienes nos rodean e implantar en ellos creencias positivas y edificantes en sus núcleos. ¡Así es como podemos ejercer una influencia extraordinaria!

El Capítulo 4 habla del tipo más poderoso de afirmación. ¡El que es verdaderamente transformacional!

4 Influencia estratégica

Cómo dar palabras de vida

Estuve trabajando durante algunos años con una empresa manufacturera en el suroeste de los Estados Unidos. Hace unos años, Sally, la hija de su fundador y CEO, asumió el cargo de directora general ante la muerte de su padre. Sus dos hermanas no tenían interés en trabajar en la empresa. Su padre había personificado al tipo de líder de alto control. Tomaba todas las decisiones: desde las grandes inversiones de capital hasta qué tipo de café beberían en la sala de descanso.

Sally sabía mucho sobre el funcionamiento de las operaciones de fabricación, pero no conocía el funcionamiento de todos los departamentos de la empresa. Cuando se hizo cargo, los dos primeros años fueron un intento por mantenerse en curso —fue un período de duelo—. Hizo cambios mínimos y ni siquiera ocupó la oficina de su padre. La dejó vacía y la mantuvo casi como un monumento en su honor. Todos se preguntaban si alguna vez ella pondría su propia huella en la compañía o si, simplemente, intentaría continuar operando dentro de las líneas que su padre trazó.

A Sally le preocupaba que los cambios que estaba contemplando hacer perjudicaran a la empresa y que los empleados no le entregaran su confianza a un nuevo miembro de la familia no experto en el cargo de CEO, así que me pidió que fuera una caja de resonancia que le ayudara a hacer los cambios que ella quería.

El negocio había tenido mucho éxito, pero también había crecido hasta el punto en que su líder no podría controlar la empresa de manera efectiva a través de la fuerza de su personalidad, como lo había hecho su padre. El advenimiento del comercio electrónico y las complejidades de la gestión interna requerían un replanteamiento importante con respecto a cómo dirigir el negocio. Además, ella sentía que algunos de los altos directivos no la estaban respaldando.

Durante los siguientes 12 meses, Sally les dio curso a algunos cambios importantes, incluida la desvinculación de parte de cierto personal de la vieja guardia, pues había decidido reorganizar el equipo de alta gerencia y trabajar en la capacitación de algunos gerentes de los mandos medios para que ellos estuvieran en la capacidad de tomar más decisiones. Si bien estas medidas les parecerán poco importantes a muchos líderes experimentados, para la cultura de esta compañía, esa fue una gran transformación.

No sin algunos contratiempos significativos, el negocio se adaptó bien a los cambios de la nueva cultura empresarial y comenzó a desarrollar diversos canales de venta, una iniciativa que se necesitaba de manera crítica. Sin embargo, los cambios en el liderazgo de Sally crearon un estrés considerable e incluyeron un riesgo financiero significativo. Una mañana, cuando terminamos una reunión privada, le dije: "Sally, he trabajado con muchas empresas y muy pocos directores ejecutivos han producido la cantidad de cambios que has realizado tan hábilmente hasta el momento. Has exhibido gran integridad en la forma en que estás manejando algunos de los cambios difíciles en el área de personal, manteniendo siempre la dignidad de todos ellos tanto en forma pública como privada. Sin duda, pagaste un precio emocional significativo para dirigir la compañía de forma distinta a como lo hizo tu padre. Estás demostrando tener gran coraje e iniciativa para hacer estos cambios. Te enfrentaste a algunos detractores importantes y te golpeaste la cabeza con algunos egos grandes que a veces no te patrocinaban. Fuiste a hablar cara a cara con los bancos para convencerlos de que estabas preparada para dirigir toda la compañía. Tu resiliencia emocional asombró a todos".

En ese momento, dejé de hablar. Cuando observé su cara, Sally parecía casi hipnotizada. Sus lágrimas brotaron, no dijo nada durante casi un minuto y luego me agradeció en silencio por el aliento que le estaba brindando.

¿Qué pasó durante esa breve transacción? Le di palabras de vida al núcleo de Sally. Tuve el privilegio de observarla durante muchos meses mientras ella navegó a través de estos difíciles cambios. Lo que no estaba haciendo era darle una palmadita en la espalda diciéndole: "¡Buen trabajo!" Más bien, le hice una evaluación a la persona dentro de su núcleo. Cuando este intercambio ocurre de manera auténtica, el efecto es casi mágico. La afirmación del núcleo de otra persona tiene un poder como ningún otro. Cuando se entregan de manera hábil y auténtica, las palabras de vida dejan a su destinatario sin nada que agregar al respecto, aunque sea por un instante.

Sally no podría haber pasado por lo que hizo sin enfrentar dudas significativas. Ella tomó grandes riesgos con su compañía para lograr cambios. Las palabras de vida la transformaron en el sentido de que confirmaron profundamente el coraje y la integridad que ella demostró en cuanto a la forma en que dirigió la maniobra.

Si bien hubo otros momentos durante esos meses en los cuales le afirmé su estilo a Sally, así como su nivel de competencia y sus decisiones, surgió esta oportunidad perfecta para afirmarla de una manera más sustancial. Ocurrió espontáneamente, pero lo que le manifesté había estado formándose dentro de mí desde hacía tiempo. Esto no es algo para hacer todas las semanas, pero cuando se cronometra bien, es transformador. Pude ver en su cara que ella tenía convicciones más profundas en su núcleo sobre el tipo de líder que quería seguir siendo en adelante. Mi afirmación se fusionó con una creciente cantidad de afirmaciones de autoevaluación que ella también estaba haciendo: "Puedo hacer esto. Puedo tomar buenas decisiones. Mis instintos sobre dónde necesita cambiar la empresa son correctos. Sé quién estará en mi equipo y quienes son aquellos que no lograrán hacer la transición. Sé que necesito a otros para que me ayuden a dirigir la empresa. Estoy creciendo en mi confianza, pero también sé que hay otros miembros del equipo que también deben asumir su liderazgo". Su autoafirmación y la afirmación de los demás, incluidas las palabras de vida que le hablé, albergaban un conjunto creciente de creencias en su núcleo que la guiarían hacia adelante. La ciencia del cerebro ahora confirma que la autoafirmación abre el camino para que otros le hablen al núcleo de las personas. Más sobre este tema en el Capítulo 5.

En el Capítulo 3, hablamos acerca de afirmar el estilo y la competencia, los cuales son dos aspectos de suma importancia en el desarrollo de la efectividad del individuo; sin embargo, para lograr su verdadera transformación personal, debemos alcanzar su núcleo con palabras de vida —el tema de este capítulo.

¿Fui personalmente responsable de la transformación de Sally? La respuesta es un rotundo no. Pero, como su asesor de confianza, fui el catalizador para animarla a hacer los cambios que sabía que eran necesarios para ella. La ayudé a codificar las creencias que estaban en marcha en su formación.

Cuando estamos en una posición de influencia como asesores, líderes, padres o entrenadores, podemos ayudar a nuestros subordinados a transformarse. De hecho, estamos alimentando las regiones del cerebro que son receptivas a este tipo de afirmación, que luego producen una transformación como la que Sally deseaba realizar en su propio núcleo. Yo fui un simple catalizador.

¿Cuál es nuestro núcleo y cómo llegar allí?

A lo largo de este libro, uso la palabra núcleo como una metáfora para referirme a la persona que está dentro de nosotros. Nuestro núcleo incluye lo que los antiguos denominaban metafóricamente como nuestro "corazón" o "mente". Los escritores hebreos se referían al núcleo como a nuestras "partes internas". Consideraban nuestro núcleo como el asiento de nuestro carácter, conciencia, valor, pensamientos, sentimientos, actitudes, deseos, consideraciones y voluntad.

¿Dónde está ubicado nuestro núcleo metafísico? Filósofos y teólogos han debatido esta cuestión a lo largo de los siglos. Sin embargo, la ubicación anatómica de nuestro núcleo no es importante dada la forma en la que nos referiremos a nuestro núcleo en esta discusión. De hecho, cuanto más aprenden los científicos sobre nosotros, más queda en evidencia la complejidad y el inter funcionamiento de nuestro corazón, de nuestro cerebro y de todo nuestro cuerpo para determinar cómo nos comportamos.

A lo largo de este libro, uso la palabra núcleo como una metáfora que se refiere a la persona que está dentro de nosotros. Nuestro núcleo incluye lo que los antiguos denominan metafóricamente como nuestro "corazón" o "mente".

Lo que es indiscutible es el hecho de que una *persona* existe dentro de nosotros, un ser vivo al cual yo llamo nuestro núcleo. Esta persona interior actúa, siente, piensa, habla, tiene deseos, toma decisiones y tiene identidad propia. Nuestro núcleo tiene una voz que los científicos sociales a veces llaman *autoconversación*. Ya sea que estemos conscientes de ello o no, hay una conversación constante dentro de nosotros, y cuando aprendemos a prestarle atención a esa voz, las revelaciones sobre nosotros mismos pueden ser al menos informativas, si no sorprendentes. Algunos expertos creen que la cantidad de palabras que nos hablamos cada día a nosotros mismos supera con creces la cantidad de palabras que hablamos con los demás. A veces, les pregunto a las personas si hablan con ellas mismas. Y aunque todos hablamos con nosotros mismos, me sorprende la cantidad de gente que no es consciente de su voz interior (o, al menos, muchos no admiten que sí la escuchan).

Nuestro núcleo aprende, se forma opiniones y sirve como el repositorio principal de nuestras creencias. Lo que sustento con firmeza en cuanto a este proceso en los líderes es que sus creencias deben formarse de manera reflexiva e intencional. Sin embargo, es lamentable que muchos de ellos adoptan ciertas creencias sin hacer primero una investigación cuidadosa respecto a ellas. Esto se debe a que las peores fuentes para formar nuestras creencias llegan a nuestro núcleo a través de los medios: televisión, noticias por cable, películas y redes sociales. Es así como, con mucha frecuencia, absorbemos creencias de estas fuentes, incluso sin darnos cuenta.

Las creencias constituyen una parte importante en el comportamiento humano. Cuando son sólidas y verdaderas, conducen a un liderazgo efectivo. Cuando son erradas, y actuamos sobre esas creencias erradas, los resultados suelen ser catastróficos. Tiger Woods confesó en su impopular conferencia de prensa luego de que su esposa descubriera sus múltiples infidelidades: "Me dije a mí mismo que yo no tenía por qué seguir las normas que rigen a todo el mundo. Me convencí de que yo tenía derecho a seguir mis propias reglas. Ahora sé que yo también tengo que seguir las reglas que nos rigen a todos". Tiger descubrió trágicamente la realidad de que, a veces, cuando actuamos sobre creencias falsas, pagamos un precio terrible de destrucción personal.

En mi libro anterior (*Impact: Great Leadership Changes Everything*[1]) describo con mucha mayor profundidad cómo se forman las creencias y cómo corremos un riesgo que es bastante considerable al incluir creencias erradas en nuestro núcleo.

Las creencias residen en nuestro núcleo

1. Las creencias dirigen nuestro comportamiento.

2. Las creencias residen en nuestro núcleo: la persona interior, aquella que origina el diálogo interno, piensa, tiene sus propias opiniones y decide.

3. Las creencias se forman de diversas maneras:

- Autorreflexión
- Información de personas influyentes en nuestra vida: jefes, padres, maestros, entrenadores, autoridades religiosas, etc.
- Compañeros
- Libros que leemos
- Medios: televisión, películas, redes sociales, etc.
- Celebridades
- Publicidad

4. El hecho de no examinar con cuidado nuestras creencias nos coloca ante el gran riesgo de adoptar ideas falsas, lo cual, nos lleva a veces por un terrible camino de destrucción personal. Tenemos que ser nuestro propio centinela y proteger a nuestro núcleo de adoptar creencias erradas.

5. Si no se revisan con cuidado, las falsas creencias se alojan en nuestro núcleo con tanta facilidad como las verdaderas creencias.

6. Revisar nuestras creencias requiere una introspección disciplinada y honestidad resuelta. Para ser efectivos, debemos extraer y descartar esas falsas creencias antes de que las raíces crezcan profundamente.

7. Incluso cuando desafiamos las falsas creencias, tenemos una gran capacidad para racionalizar aquellas que son egoístas, dejando esas *mentiras racionales* libres para influir en nuestra conducta de maneras no saludables.

8. El poder, la fama, la riqueza y la popularidad nos ponen frente a un gran riesgo de arrogancia. Estas fuerzas debilitan las paredes protectoras de nuestro núcleo y nos hacen vulnerables a la adopción de creencias equivocadas y especialmente tóxicas, tales como:

- Soy la persona más inteligente en este lugar.
- No estoy sujeto a las reglas que rigen a la mayoría de las personas.
- Tengo derecho.
- No soy responsable ante otros por mis acciones.
- Soy insustituible para la empresa.

9. Cuando las falsas creencias se traducen en acciones, sigue un tremendo riesgo de descarrilamiento.

10. Las creencias positivas se forman de la misma manera que las negativas. Así como las creencias falsas se alojan en nuestro núcleo, una afirmación planta creencias positivas en nuestro núcleo, que resultan en un comportamiento positivo. Alguien dice: "Usted mostró integridad en la forma en que manejó esa interacción y este hecho habla muy positivamente de usted". Por lo tanto, se forma una creencia: "Quiero esforzarme por proceder con integridad en todas mis acciones". Luego, esta creencia nos guía en acciones futuras.

11. La autoafirmación, es decir, autoenviándonos mensajes edificantes, y recibiendo la afirmación de quienes nos interesan, son el principal medio para formar nuestras creencias positivas.

Si bien nuestro estilo y competencia son mucho más visibles en nuestras acciones, nuestro núcleo es más profundo, menos observable y menos accesible. El estilo y las acciones competentes desempeñan un papel fundamental en nuestra efectividad; sin embargo, nuestro núcleo desempeña un papel aún más impactante al convertirnos en líderes fuertes. Un núcleo fuerte nos guía a ejercer una influencia extraordinaria en los demás y hacia un legado perdurable.

Cuando nuestro núcleo está intacto y congruente, quienes nos rodean nos perciben auténticos, humildes y confiables. Y cuando está comprometido o en conflicto, nos comportamos de manera arrogante, egoísta e insegura. Sin importar lo ingenioso que sea su estilo, ni lo competentes que sean sus acciones, cada líder descarrilado que estudié posee un núcleo en mal funcionamiento —que está siendo malinterpretado de forma significativa.

Palabras de vida

Si deseas saber cuál es el mensaje principal de este libro, acabas de encontrarlo: *las palabras de vida transforman, porque hablan el lenguaje del núcleo.* Son un vocabulario especial que nos da acceso a esa zona de nuestro interlocutor. Si queremos llegar al núcleo de un subordinado, bien sea a uno de nuestros hijos, a un estudiante o a alguien a quien buscamos influir, debemos darle palabras de vida. Por dar, quiero decir hacerle un regalo. Tus palabras dirigidas a su núcleo serán, sin lugar a dudas, el regalo más importante que tu interlocutor reciba. En mis conversaciones con los directores ejecutivos que entrevisté para escribir este libro, me sorprendió ver cuántos de ellos estuvieron de acuerdo en que, con frecuencia, las palabras de vida que sus jefes les manifestaron en momentos críticos se convirtieron en un punto de inflexión para siempre. Es posible que sus jefes no hubieran conocido la expresión "palabras de vida", pero aun así, se las dieron en el momento justo.

Las palabras de vida contienen la fuerza para transformar el núcleo del ser humano; son significativamente diferentes a las palabras que empleamos para afirmarle su estilo o competencia, pues transforman y sacan a relucir lo mejor de aquellos a quienes anhelamos influir.

El acto de afirmar a nuestros interlocutores con palabras de vida implanta *creencias* redentoras en el núcleo de esas personas produciendo a su vez acciones *redentoras*. Por redentor, me refiero a salvar vidas, liberar, nutrir y transformar.

Las palabras de vida hablan sobre nuestro carácter —de lo indiscutible de nuestra persona interior.

Por ejemplo, cuando un vicepresidente de mercadotecnia afirmó a su gerente por el coraje y el tacto que ella demostró al decirle hábilmente al CEO que su plan de negocios contenía algunos cálculos seriamente errados, una creencia echó raíces en su núcleo: *asumir riesgos no es nada fácil, pero decirle la verdad a nuestro CEO era lo correcto que había que hacer en este caso. Debo transmitir respeto y aprecio hacia el trabajo de los demás, sin dejar de manifestarles los errores que podrían afectar el desempeño de nuestra organización.*

¿Qué son las palabras de vida?

¿Cuál es el hilo conductor con respecto a las palabras de vida? Son palabras poderosas que hablan sobre nuestro carácter —de esa inaccesibilidad de nuestra persona interior—. Las palabras de vida tienen la capacidad de abordar las dimensiones de nuestro núcleo mediante el vocabulario preciso para impactarlo. La siguiente lista contiene 10 tipos de afirmaciónes que le hablan al núcleo de nuestro interlocutor e incluyen un ejemplo en cada categoría. Estas dimensiones dejan en claro que las palabras de vida difieren dramáticamente del propósito que tienen las palmaditas en la espalda.

Mis ejemplos están relacionados con los contextos en que los líderes corporativos interactúan con los miembros de su organización, pero los padres, los maestros o los entrenadores también emplean las mismas categorías de afirmación con sus subordinados.

En el Capítulo 11 proporciono ejemplos de palabras de vida más apropiadas durante la interacción con los niños.

Integridad

"Cuando nuestro representante de fabricación quiso que le vendiéramos nuestro producto a un país con una larga historia de abusos en lo referente a los Derechos Humanos y a la persecución religiosa, usted afirmó que no le venderíamos. Esta decisión afectó los resultados de su plan de ventas y, por lo tanto, su bono personal del año, pero aun así usted demostró gran integridad de su parte al tomar esa decisión. ¡Admirable de su parte!".

Valor

"Usted sabía que el CEO tenía mucho interés en adquirir esa nueva compañía, incluso aunque el acuerdo representaba algún tipo de riesgo para esta empresa. Sin embargo, cuando usted se dio cuenta de que al informe le faltaba claridad, se enfrentó a él y con buena conciencia le manifestó a la junta que la decisión de comprar esa compañía no era la adecuada. Respeto en gran manera el coraje que requirió para hacer lo que hizo. El CEO estaba molesto porque él buscaba su conveniencia de cualquier manera posible. Su coraje nos dio coraje a los demás y todos terminamos haciendo lo que sabíamos que debíamos hacer: no cerrar ese trato".

Humildad

"Usted ha recibido una tonelada de propaganda de la prensa por cerrar ese enorme acuerdo. ¡Incluso lo mencionaron en *The Wall Street Journal*! Además, la noche en que pronunció su discurso de aceptación en el banquete de premiación, usted manejó los elogios con gran sencillez. Al mencionar a cada uno de los miembros de su equipo por su nombre, junto con el tipo de contribución que recibió de cada uno de ellos, usted quitó la atención que estaba puesta sobre usted y la dirigió hacia aquellos que estuvieron comprometidos en el cumplimiento de esa meta. Su humildad y su actitud de aprecio hacia su equipo hicieron que tanto ellos como el resto de nosotros sintiéramos aún más admiración hacia usted y hacia la labor realizada".

Juicio

"¡La manera en que le presentamos el informe financiero a nuestro segundo cliente más importante fue un desastre! Quedó muy mal elaborado por todas partes. Sin embargo, nosotros sabíamos desde un comienzo, al igual que la mayoría de ellos, que el planteamiento que queríamos presentarles era muy conveniente para todos. Quiero manifestarle que usted manejó esta situación de manera tan hábil y sensata, que el jefe de su departamento de contabilidad salió ileso a pesar de que fue evidente que él se equivocó. Usted demostró tener muy buen juicio y ejecutó una muy buena maniobra para no hacerlo lucir como un tonto. Gracias a eso es muy posible que haya convertido a esa empresa en un cliente de por vida".

Autenticidad

"Veo que la realidad es que su equipo lo respeta y confía en usted. Ese es el resultado de ser sincero y realista con ellos, ya que usted no intenta manipularlos con pronósticos rosa que no están basados en la realidad. Es evidente que confían en que todo lo que les dice es verdad. Su autenticidad es un gran activo y deseo que más personas sigan su ejemplo".

Autorregulación

"Usted tenía derecho de arrojar a todos y cada uno de los miembros del departamento legal debajo de un autobús para que los arrollara varias veces. Sin embargo, no lo hizo aunque todos los que estuvieron presentes en la reunión sabían lo pésima que estuvo la intervención de todos ellos. Su moderación nos sorprendió. Usted podría haberlos avergonzado presentándole a la junta los detalles de cómo ellos torpedearon el proceso. Incluso cuando el vicepresidente de asuntos legales trató de responsabilizarlo, usted no tomó represalias, ni aunque él hizo todo lo que estuvo a su alcance para desentenderse del problema.

Por cierto, el viernes por la tarde, el CEO responsabilizó al jefe de asuntos legales y le dejó en claro que él sabía con lujo de detalles todo lo sucedido. Y además, se lo informó al director general. ¡Lo cierto es que el manejo que usted le dio a esto fue magnífico!".

Sabiduría

"No tengo idea de cómo hizo para encontrar la solución, pero el hecho es que usted resolvió el problema con extraordinaria habilidad. El cliente se alegró de que pudiera resolverle el que ha sido un problema desconcertante durante, por lo menos, cinco años. Se requería un manejo muy ágil tanto de la empresa, como de los abogados fiscales y del IRS. No estoy seguro de que alguien más aquí habría logrado eso. Nuestro CEO y yo estamos muy complacidos con su trabajo".

Pureza

"¡Eso fue impresionante! Nadie quería señalar al gato muerto que había debajo de la mesa. Apestaba, pero nadie quería decir que allí estaba. Cuando usted habló, alivió sustancialmente la tensión de la reunión. Su honestidad y franqueza desarmaron por completo la tensión que todos sentíamos y eso cambió el rumbo hacia el que nos dirigíamos. La mayoría de nosotros sabía que íbamos camino al desastre, pero alguien tuvo que hablar con claridad y manifestar lo que era. ¡Gracias por decir lo que todos deberíamos haber dicho!

Resiliencia

"Durante los pasados seis meses, usted ha demostrado tener gran resistencia mental y emocional. El ritmo para todos nosotros ha sido agotador, pero usted dejó ver a lo largo de toda la negociación que tiene un grado especial de persistencia y flexibilidad. Su alto nivel de resistencia y su buen humor contribuyeron a que este acuerdo se concretara. Todo el mundo en la suite C está complacido de que hayamos tenido éxito, pues los del piso 20 ya le habían dado a este acuerdo una posibilidad de cierre de 1 en 3. ¡Gracias por contribuir a hacer realidad este logro tan excepcional!".

Influencia

"El CEO intentó forzar este cambio en la organización hace dos años y solo consiguió quemarse —la desunión que generó su propuesta lo único que logró fue su despido—. Nuestros resultados financieros y nuestra moral se hundieron. Curiosamente, lo que él quería hacer era lo correcto. Solo que hizo un trabajo horrible al tratar de obligar a todos a ponerse en línea. En cambio, usted se ganó al equipo demostrando visión y presentando un análisis financiero bastante convincente. La participación que logró de las partes interesadas salvó la situación. Entre todos le dieron forma a la solución y luego ellos mismos se convirtieron en los patrocinadores del cambio. Usted demostró gran habilidad para realizar todo esto logrando traer a todos a bordo. Siéntase orgulloso de este notable logro".

El estilo efectivo, así como un alto nivel de competencia, son cruciales, pero cuando se afirman las cualidades del carácter, es mucho más fácil sacar a relucir lo mejor de aquellos a los que buscamos influenciar.

Permítame repetir este pensamiento para enfatizar: las palabras de vida afirman las cualidades que hacen que nuestro carácter sea incuestionable. En la mayoría de los casos, los líderes tienden a afirmar las acciones de sus subordinados. Sin embargo, un paso mucho más poderoso es poner de manifiesto alguna dimensión de sus núcleos —de su carácter—. Es innegable que el estilo efectivo, así como un alto nivel de competencia, son cruciales, pero cuando se afirman las cualidades del carácter, es mucho más fácil sacar a relucir lo mejor de quienes nos rodean.

Algunos líderes captan esta verdad de forma intuitiva y usan palabras de vida. En cambio, para otros esta se convierte en una habilidad en la cual ellos deben trabajar. En cualquier caso, las palabras de vida deben emanar auténticamente desde el núcleo de quien las da. Un director ejecutivo al que entrevisté dijo: "El acto de afirmar a una persona debe provenir de nuestro interior. No se puede fingir. Debe ser auténtico".

Cuando se entregan hábil y auténticamente, las palabras de vida dejan al destinatario sin palabras, así tan solo sea por un momento.

Cuando existe una relación de confianza, quienes confían en nosotros nos están permitiendo un acceso único a su núcleo. Las palabras de vida que les damos fluyen en su núcleo y son un gran potencial para transformar para siempre a nuestros receptores. Es muy probable que un padre, un entrenador, un maestro, un jefe o alguna otra persona importante nos hayan dado palabras de vida. Esas palabras nos levantaron formando en nosotros creencias que nos cambiaron. Y con el tiempo, nuestras acciones reflejaron esas creencias que se alojaban en nuestro núcleo.

Un amigo muy cercano en mi época de universidad me desafió a llevar una vida de excelencia. No es que yo estuviera persiguiendo activamente la mediocridad, pero la tendencia que llevaba en ese tiempo sí iba en esa dirección. En muchas conversaciones, me alentó a establecer unas metas más altas para mi vida —de hecho, me dijo que yo podría y debería convertirme en una persona de influencia extraordinaria hacia los demás. En ese momento, yo no adopté de manera consciente sus ideas al respecto, pero esas palabras de vida de mi amigo se alojaron en lo más profundo de mi núcleo y comenzaron a influir en muchas de mis decisiones y acciones importantes aunque yo no fuera consciente de su efecto. Mi vida, simplemente, tomó una trayectoria muy diferente de la que yo me había propuesto. Además, lo que experimenté en ese momento se sintió más como una renovación. Un antiguo proverbio dice: "Los mensajeros confiables nos refrescan como la nieve en tiempo de verano. Ellos reviven nuestro espíritu[2]".

Siete no tan buenas razones para evitar expresar palabras de vida

Quizá sentimos cierta resistencia a expresarles palabras de vida a quienes dirigimos. ¿Cuáles son algunas de esas posibles razones para no querer manifestárselas?

1. "Simplemente, no me quedo meditando en esas palabras y mejor me concentro en lo que tengo que hacer".

2. "No quiero que mis palabras se tomen demasiado personales. Sería incómodo".

3. "No soy ese tipo de persona profunda. Solo soy un tonto superficial".

4. "Me siento avergonzado por este tipo de cosas".

5. "Tal vez podría ocasionar un incendio".

6. "Me preocupa que el Departamento de Recursos Humanos me amoneste por decirle algo que suene demasiado personal a un empleado".

7. "En realidad, no me importan mucho los sentimientos de las personas. Solo quiero que cada quien haga su trabajo".

¿En qué condiciones podemos dar palabras de vida?

Los líderes transforman a quienes los rodean a través de la afirmación intencional de sus núcleos. ¿Qué hacer para transmitir mejor las palabras de vida?

- Ante todo, debemos tener un núcleo intacto nosotros mismos. Cuando les damos a los demás palabras de vida, estas deben originarse en nuestro núcleo. Y si las paredes de nuestro núcleo se rompen a través de la arrogancia o de algún otro aspecto que lo comprometa, no lograremos conectarnos con el núcleo de los demás.

- Debemos ser auténticos. Nuestra afirmación debe ser verdadera.

- Nuestras palabras deben ser elegidas con mucho cuidado. Un antiguo proverbio dice: "Una palabra bien pronunciada es como manzanas de oro en bandeja de plata"[3]. Las palabras de vida se profundizan porque son reflexivas. ¡No son cualquier palabra, ni una frase cualquiera!

- Debemos usar el vocabulario correcto —las palabras de vida provienen de nuestro carácter—. Los ejemplos mencionados con anterioridad incluyen integridad, valor, humildad, juicio, autenticidad, autorregulación, sabiduría, sinceridad, resiliencia e influencia.

- Las palabras de vida se transmiten sobre una base de confianza entre el donante y el receptor.

- Las palabras de vida se pueden dar de forma espontánea o planificada, siempre que sean reflexivas y sinceras.
- Se deben dar palabras de vida cuando el receptor es el único foco en el momento de darlas.

Las palabras de la vida son un regalo precioso para el receptor. Tienen el poder de dirigir su vida en una nueva dirección, como en mi caso. Fortalecen al receptor para que asuma el siguiente gran desafío que enfrenta. En cualquier caso, esta poderosa forma de afirmación hace que las personas se sientan vivas; quizá, más que nunca.

Mi esposa fue maestra en una escuela del centro de Atlanta durante varios años. Más adelante, su experiencia en aquella escuela la llevó a iniciar una organización sin fines de lucro destinada a resolver grandes problemas en nuestra ciudad, por ejemplo, la educación y el desarrollo de niños pequeños que crecen sin muchas ventajas, como poder leer un buen libro. Jarius, el joven al que ella le enseñaba a leer, estaba atrasado varios niveles del grado al que él correspondía según su edad, pero ese día Jarius experimentó un gran avance. Anne le dijo: "Jarius, has trabajado muy duro durante todos estos meses y ya estás leyendo muy bien. Te tengo una buena noticia, ¡te has puesto al día!" Sus ojos de repente se volvieron brillantes, una enorme sonrisa se dibujó en su rostro y en la voz más exuberante que te puedas imaginar, dijo: "¡Sí, puedo leer! ¡Puedo leer! ¡Puedo leer!" Ambos se echaron a reír y lloraron al celebrar su logro. Ese día, Anne le dio a Jarius palabras de vida y, como todos los demás graduados notables de su escuela, ocho años más tarde, Jarius ingresó en la universidad.

Es nuestro gran y único privilegio sacar a relucir lo mejor de los demás dándoles palabras de vida.

5 Palabras de muerte

La crítica constructiva falla porque nuestro cerebro está cableado para algo mejor

Mi esposa, Anne, fundó y dirige una exitosa galería de arte. Su galería representa a unos 40 artistas cuyo trabajo ha sido exhibido en muchos lugares importantes. El hecho es que el interés que ella tiene por el arte estuvo a punto de extinguirse cuando ella tenía seis años. Su maestra de primer grado, la Sra. Caldwell, parecía tener 100 años, de acuerdo con los niños de su clase. Todos los días usaba zapatos de tacón ancho, con cordones negros, sacos negros de cuello alto, muy de moda entre las mujeres mayores de la época, y el mismo vestido gris hasta el tobillo.

Los viernes, los niños tenían clase de arte. Sally Young, quien claramente era la preferida de la maestra, dominaba el *sine qua non* del arte de primer grado —casa con humo gris y rizado saliendo de la chimenea, cielo azul, hierba verde, árbol con la cresta redondeada, ardilla linda en la rama baja de un árbol y flores frente a la casa. Sally era excelente en este estilo de arte tradicional.

Anne, una rebelde aburrida, movida por sus impulsos comenzó a mover su pincel a lo largo y ancho de la gran hoja de papel puesta en el caballete, haciendo uso de una variedad de interesantes colores y formas. Se sentía fascinada al experimentar que de la fusión de dos colores se forma un tercero.

Las gotas de pintura escurrían y le daban un toque único a su obra de arte haciéndola lucir como ninguna otra. ¡Era un hecho! La clase tenía un prodigio del arte no representativo entre ellos —a sus seis años de edad, Anne era realmente un Jackson Pollack en ciernes—. ¡Sus compañeritos tenían frente a sí a toda una grandeza de la pintura!

El desafortunado subproducto de su creatividad fue que algunas de sus pinturas salpicaron el piso. Ante el hecho, la maestra Caldwell se puso de mal humor y se sintió indignada, así que interrumpió la clase y reprendió a Anne frente a todos. Le dijo: "Anne, mira el desastre que has hecho". Anne cuenta que sintió tal vergüenza, que estalló en lágrimas, corrió hacia su escritorio y recostó su cabeza contra él sollozando. Lección aprendida —jugar a la fija, cumplir y ser como Sally Young.

Por fortuna para los estudiantes que iban ascendiendo de grado y sentían cierta inclinación creativa, ese fue el año en que la Sra. Caldwell se retiró, pero la vergüenza que le hizo pasar a Anne aún subsiste en su núcleo e incluso emerge de vez en cuando como un recuerdo doloroso. De hecho, la ciencia que se ocupa del estudio del cerebro apoya la teoría de que la vergüenza que ella experimentó todavía está almacenada en un área específica de su cerebro e incluso en una neurona en particular. ¡Si solo hubiera una tecla para borrar ese tipo de recuerdos!

A veces, he tenido una conversación imaginaria con la Sra. Caldwell, la maestra de primer grado de Anne, pero quizá sea bueno que no pueda, porque es muy probable que le diría cosas imposibles de compartir en este libro. Me gustaría preguntarle si quisiera rehacer esa conversación acerca de la pintura salpicada de Anne en el piso. Qué tal si le dijera algo como: "Oh Anne,

¡qué manera tan diferente y creativa de aplicar la pintura! Estoy muy orgullosa de ti por explorar nuevas formas de hacer figuras y colores interesantes. Niños, miren lo que pintó Anne. ¿No es esto muy creativo?". Y luego, en voz baja, para que ninguno de los otros niños escuchara, le diría: "Anne, cariño, asegúrate de mojar algunas toallas de papel y limpiar la pintura salpicada. Tu nueva técnica es un poco desordenada, pero está bien. ¡Qué pintura tan maravillosa hiciste hoy!".

Palabras de muerte

Un antiguo proverbio dice: "¡Las palabras tienen el poder de generar muerte o vida!"[1]. Como todo poder, las palabras albergan en sí mismas cierta dualidad; el proverbio captura esta verdad con algo de crudeza y distinción. En el Capítulo 2, introduje el concepto sobre las palabras de vida. Nuestras palabras tienen el poder de construir un núcleo más fuerte en aquellos en quienes influimos y también tienen el poder para debilitar su núcleo. Incluso si tuviéramos una salud emocional muy buena, aun así nuestro espíritu sería aplastado al recibir críticas constantes y severas, ridiculización o vergüenza de parte de alguien importante para nosotros, como un padre, un entrenador, un maestro, un compañero o un jefe.

Nuestras palabras pueden construir un núcleo más fuerte en aquellos en quienes influimos y también tienen el poder para debilitar su núcleo.

Este fenómeno concuerda con la preocupación que siento con respecto a que en la práctica muchos gerentes se preocupan ante todo por cumplir tareas y no tanto por mostrar interés en saber quiénes son los miembros de su equipo como personas. Cuando le damos retroalimentación a un subordinado y no estamos enfocados en su persona, ignoramos las partes de su cerebro que la impulsan a la innovación, a la resolución de problemas, a la creatividad y a la autoestima. Y lo que es peor, como veremos en este capítulo, activamos esa parte del cerebro que se encarga de excluir la influencia positiva que queramos brindarle.

Las doce del patíbulo: por qué la crítica es una práctica tan perjudicial

La investigación científica proporciona una cantidad abrumadora de información sobre los efectos negativos que ejerce la crítica sobre el bienestar de nuestros subordinados. Por inferencia, es fácil decir que estos estudios aplican también a padres, maestros, entrenadores y a cualquier persona que dirija a otros. Los siguientes son 12 hallazgos clave en la investigación del cerebro y tiene que ver con lo que sucede cuando disminuimos a las personas con nuestras críticas.

1. La crítica compromete a nuestra amígdala, la parte del cerebro que alberga la respuesta de "lucha o huida". Además, la amígdala procesa emociones positivas, pero posee un *sesgo de negatividad* y se mantiene muy alerta a cualquier amenaza percibida, incluida la retroalimentación negativa del jefe o de otra persona importante[2].

2. Las funciones cerebrales de orden superior se ven gravemente interrumpidas cuando una persona se siente disminuida. Durante la crítica, nuestro cerebro tiene menos acceso a algunos de sus recursos más positivos, como el pensamiento de orden superior, la autorreflexión, la creatividad, la resolución de problemas y la regulación del estrés[3, 4, 5, 6]. Estos recursos efectivos, útiles para afrontar cualquier circunstancia, se bloquean frente a fuertes críticas.

3. De manera similar, durante la crítica, el cerebro de la persona criticada ha reducido dramáticamente la interconectividad entre el pensamiento de orden superior, la autorreflexión y la regulación del estrés[7].

4. Durante la crítica, el receptor absorbe las emociones negativas de la crítica[8].

5. El liderazgo negativo/crítico resulta en menor productividad, actitudes negativas y baja satisfacción de los subordinados. La supervisión abusiva conduce a consecuencias negativas extremas como disminución de la creatividad, la producción, la actividad y el compromiso; además, genera mayor depresión y ansiedad[9].

6. La retroalimentación crítica puede percibirse como una injusticia en el lugar de trabajo y conduce a la disminución de la productividad y el compromiso, así como al aumento de la depresión y la ansiedad. Las personas se resisten a los líderes críticos, son menos productivas y manifiestan actitudes negativas[10].

7. La disminución de la retroalimentación por parte del liderazgo conduce a muchos efectos negativos de la mente y el cuerpo. La supervisión abusiva no solo les causa angustia a los individuos, sino que también les cuesta a las organizaciones[11]. Estos problemas de salud inducidos por el estrés contribuyen a las actitudes negativas de los empleados y a problemas de desempeño laboral. Los empleados disminuidos no solo son menos productivos, sino que también tienen más probabilidades de sufrir costos adicionales de atención médica asociados con trastornos del sueño, la depresión y la ansiedad[12]. El estrés crónico a largo plazo puede incluso causar problemas de memoria[13]. Por inferencia, también se esperaría que un empleado que trabaja bajo duras y constantes críticas sufra también problemas de memoria.

8. Cuando los empleados no consideran que las críticas sean precisas y relevantes para ellos mismos, se vuelven hostiles y no les encuentran validez, incluso cuando los comentarios son aplicables[14].

9. El apoyo incoherente e impredecible de un supervisor aumenta los resultados negativos de los empleados[15].

10. Hay un efecto de goteo en el que los líderes de departamento abusivos crean líderes de equipo abusivos. Por ende, los resultados de productividad son reducidos[16].

11. Cuando una cultura organizacional utiliza rutinariamente una amenaza de crítica y castigo por un comportamiento no adecuado, la percepción creativa y la capacidad de atención de sus trabajadores disminuyen. La conformidad rígida promueve más pensamiento en blanco y negro. La creatividad, y la innovación que esta genera en los productos y en los procesos, se pierde[17].

12. Cuando un supervisor socava la dimensión interpersonal con sus subalternos, hace que ellos sean menos felices y menos comprometidos, más agresivos y desacertados. Esta conclusión está apoyada en la literatura científica y es bien fundamentada[18].

¿Cuáles son las conclusiones más importantes que podríamos sacar de los estudios de investigación de *Las doce del patíbulo*?

Hay algo con respecto a la crítica que percibimos como altamente negativo. Ya sea intencional o no, el receptor de comentarios críticos percibe que no es cuestión de *lo que él hace*, sino más bien de *quién es él*. La desaprobación y el desprecio de una persona importante en nuestra vida son actitudes que nos transmiten el mensaje fundamental de que algo raro pasa con nosotros —algo no nos está funcionando bien—. La crítica disminuye nuestra autoestima y nuestro cerebro reacciona con profundo negativismo.

De manera involuntaria, los líderes críticos condicionan a sus subordinados a responder con temor o bajo estrés. En el famoso estudio "Little Albert", el bebé Albert estaba condicionado para temerle a una rata blanca. El condicionamiento del miedo resultó tan efectivo, que Albert terminó generalizando y se asustaba de cualquier criatura blanca y pequeña, como un conejo, por ejem-

plo. Así mismo, el condicionamiento para temerle a un supervisor, o cuando el jefe muestra una aversión crónica hacia un subordinado, tiende a tener efectos también generalizados y a largo
plazo. Lo que esto significa es que comenzar a temerle o a sentir
desagrado hacia un mal jefe o a un subalterno o a un compañero
de trabajo termina por convertirse en un sentimiento generaliza-
do de antipatía hacia toda la organización.

Si bien es un hecho que el supervisor crítico intenta mejorar
la productividad de los miembros de su equipo de trabajo a través
de sus comentarios negativos, es innegable que ocurre justo lo
contrario. Las partes productivas y creativas de nuestro cerebro
entran en modo de desánimo cuando recibimos duras críticas logrando así que los problemas de productividad y las enfermedades
psicosomáticas aumenten[19] y que los trabajadores se vuelvan, básicamente, personas infelices.

La crítica hacia la persona y no hacia una acción determinada conduce más que todo a la disminución de la autoestima del
empleado. Cuando los líderes se preocupan más por las tareas que
por las necesidades del trabajador, el impacto negativo es mucho
mayor.

El uso habitual de críticas —palabras de muerte— ocurre con
frecuencia a nivel del liderazgo abusivo, lo cual conduce a consecuencias negativas extremas como la disminución de la creatividad, la productividad y el compromiso, junto con un aumento de
la depresión y la ansiedad. Pero ¿hay algo peor que la crítica abusiva? Sí, el carácter *incoherente e impredecible* de un líder, porque
este estilo de liderazgo dispara aún más los resultados negativos de
los empleados[20, 21, 22]. El empleado desafortunado se ve afectado
por la conducta en constante cambio de un jefe impredecible. Un
ingrediente clave para que los empleados se sientan felices y productivos en su lugar de trabajo es la actitud de apoyo constante de
parte de su líder.

Si bien es un hecho que el supervisor crítico intenta mejorar la productividad a través de sus comentarios negativos, es innegable que ocurre justo lo contrario.

Socialización en el lugar de trabajo

Aunque nos gustaría considerar a nuestra familia como la tribu más importante a la cual pertenecemos, es innegable que también nos identificamos firmemente con el personal de nuestro lugar de trabajo. La falta de conexión social en el trabajo, o en cualquier otro lugar, puede ser devastadora. El rechazo de la tribu o ser echado de ella se procesa en nuestro cerebro de manera similar al dolor físico y hasta llegamos a sentirlo[23].

El hecho de que la Sra. Caldwell avergonzara a Anne fue particularmente indignante porque la reprendió en frente de toda la clase. Fue terrible que ella le hablara a una niña de seis años de la manera en que lo hizo, pero avergonzarla delante de sus compañeros fue un hecho inconcebible. Cuando hablo con líderes, les insto a halagar en público y corregir en privado. Mi conversación imaginaria con la Sra. Caldwell pretende ilustrar cómo ella debió manejar con mucho más tacto aquella situación.

Ya sea intencional o no, el receptor de comentarios críticos percibe que no es cuestión de lo que él hace, sino más bien de quién él es.

El conformismo social no activa áreas cognitivas superiores en nuestro cerebro, sino que activa nuestro "centro de procesamiento emocional"[24]. Esta es la región del cerebro que controla la liberación de dopamina, —un químico cerebral muy importante que facilita nuestra capacidad de sentirnos bien con nuestro trabajo—. Las investigaciones al respecto sugieren que el hecho de ser parte de una tribu es muy gratificante en sí mismo. Sin embargo, la idea esencial en lo referente a este tema social es que las críticas desenfrenadas nos hacen sentir que hemos sido expulsados de la tribu.

Esta también puede ser la razón por la que las personas están dispuestas a hacer todo lo posible para adaptarse a su contexto. En el famoso "Experimento de conformidad de Asch" (también conocido como el "Estudio de la línea más larga"), los participantes, configurados a manera de grupo, recibían dos tarjetas con líneas verticales. Una mostraba una línea vertical. La otra mostraba tres líneas verticales, rotuladas A, B y C. Una de las tres líneas tenía la misma longitud que la línea de la otra tarjeta, así que se les pidió a los participantes que identificaran cuál era. Algunos de los participantes eran subordinados del experimentador y fueron ellos quienes dieron primero la respuesta obviamente incorrecta. Luego, la mayoría de los otros participantes también eligió dar esa misma respuesta. Fue obvio que era tanto su deseo de ser parte del grupo del experimentador, que ellos prefirieron elegir esa respuesta a sabiendas de que era la incorrecta.

La vergüenza se expresa con palabras de muerte

Durante la estremecedora carrera de Anne como pintora, un detalle muy particular e inquietante fue *que ella no interpretó* las palabras de muerte de la Sra. Caldwell como comentarios negativos sobre su estilo de arte, ni tampoco el hecho de que hubiera pintura salpicada en el piso. Su reacción emocional extrema demostró que *lo que Anne entendió fue que había algo malo en ella*. A menudo, este es el resultado de la vergüenza —una forma de disminución aún más poderosa que las críticas—. Anne se arriesgó a generar una expresión desenfrenada de su creatividad, a partir de infringir la norma socialmente aceptada de primer grado con respecto a lo que era considerado en ese momento como una buena obra de arte. La creatividad y la toma de riesgos personales emergen del núcleo de lo que somos. Cuando se nos critica por expresar algo que yace en nuestro núcleo, recibimos esos comentarios como una devaluación de nuestro ser y esa nueva percepción llega directamente a nuestra autoestima.

Como aprenderemos con mayor detenimiento en el Capítulo 6, fue adecuado pedirle a Anne que asumiera la responsabilidad de limpiar la pintura salpicada en el piso. En mi rehacer imaginario, esto se logró. Lo que no fue adecuado fue la vergüenza y el ostracismo social que su maestra produjo en ella a través de sus duras críticas.

El peor de todos los legados

Conocido como el fenómeno de la *impronta*, este es un proceso que ocurre en la vida de algunos animales recién nacidos. Consiste en que todo ser vivo que ellos ven inmediatamente después de su nacimiento se convierte en *su madre*. Cuando yo estaba en la escuela, un pollito recién nacido en el patio trasero de mi casa me vio ¡y decidió seguirme por donde yo anduviera! Muchas veces, los líderes de varias organizaciones manifiestan que aprendieron a administrar imitando el estilo de gestión de su primer jefe; eso es cierto, aprendemos mucho del ejemplo de quienes nos lideran, sobre todo, en las primeras etapas de nuestra carrera; los seguimos por donde vayan —seguimos su ejemplo—. Muchos CEOs destacan el hecho de que tuvieron modelos muy positivos en los años intermedios entre el momento en que comenzaron a trabajar y cuando se convirtieron en CEOs. ¡Qué bien por ellos! Lo peor que pueda pasarle a un gerente orientado a la crítica es exponer su estilo crítico frente a quienes tienen un alto potencial de responsabilidad y de liderazgo futuro.

Es muy frecuente que, así como ocurre en el contexto familiar, tanto el positivismo como el negativismo se transmitan de generación en generación. Es más que probable que un líder negativo produzca líderes negativos[25]. Existe un riesgo considerable de que un seguidor perpetúe el estilo de gestión crítico y negativo cuando es eso lo que su jefe comunica. Es bien sabido que los padres que abusan de sus hijos a menudo producen adultos que también abusan de sus hijos.

El negativismo es contagioso, así que se perpetúa entre aquellos sobre quienes tenemos influencia.

Tenemos "células copiadas" especiales en el cerebro llamadas "neuronas espejo". Estas se activan cuando observamos el comportamiento de otra persona[26]. Los científicos creen que la duplicación podría ser la razón por la que tendemos a sentir empatía hacia los demás. Pero, a diferencia de los espejos que tenemos en nuestro hogar, estos espejos mentales viajan con nosotros a todas partes, ¡incluso al trabajo! Las neuronas espejo también aparecen en los hallazgos de un estudio reciente que muestra que el cerebro humano genera una respuesta automática de defensa cuando *percibe* que recibirá un ataque.

Nuestros estados de ánimo son contagiosos, por lo que es importante reflexionar sobre cómo estos tienden a afectar a los demás y cómo también a nosotros nos afectan los estados de ánimo de quienes nos rodean. Copiamos los estados de ánimos de otros. Nos encanta encajar para hacer felices a los demás, como se puede ver a través del famoso "Experimento de la muñeca Bobo".

Lo peor que pueda pasarle a un gerente orientado a la crítica es exponer su estilo crítico frente a quienes tienen un alto potencial de responsabilidad y de liderazgo futuro.

En este experimento, los científicos observaron que cuando una figura de autoridad modela un comportamiento, los que están bajo su influencia lo imitan. Los niños que vieron un video de adultos maltratando con golpes a la muñeca Bobo eran mucho más propensos a ser agresivos con la muñeca. La gente aprende viendo; por lo tanto, el mal comportamiento engendra mal comportamiento.

La cultura influye significativamente en nuestro comportamiento de liderazgo. Una cultura organizacional que enfatiza la estructura, las obligaciones y los castigos para corregir conductas equivocadas disminuye aún más la percepción creativa y la capacidad de atención de sus empleados.

A lo largo de los años, durante mi transcurso por el mundo corporativo, he visto innumerables ejemplos de culturas dinámicas y positivas, así como también me he encontrado con algunas que describiría como tóxicas. Una de las culturas más tóxicas que he observado es la del estilo *"gotcha"* en la que se espera que los gerentes atrapen a los empleados en el incumplimiento de las reglas y normas de la empresa. Parece que a algunos líderes les encanta ser los autores de agarrar *infraganti* a quienes cometan incluso la infracción más leve. Esta actitud solo fomenta una cultura negativa, crítica y dura en la que los empleados permanecen al filo de la guillotina.

Nuestro bienestar sicológico y personal constituye una fuerza importante que determina nuestra efectividad. La pobre sicología del líder desconfiado a menudo contribuye a que su estilo de liderazgo sea áspero y abusivo. Fui consultor de un fabricante de equipos pesados en el Medio Oeste durante algunos años. Para usar uno de los términos caseros de mi abuela, el CEO de aquella empresa era un "desastre". Su volatilidad emocional intimidaba y sus gritos mantenían a su equipo a una gran distancia. Su caso terminal de certeza, a pesar de las montañas de evidencia de que lo correcto de hacer era todo lo contrario a su opinión, gobernó su estilo de liderazgo. Fue, virtualmente, un líder imposible de entrenar. Estoy convencido de que la única razón por la que la gente trabajaba en su compañía era porque les pagaban muy por encima de lo que les ofrecían otras empresas de la misma industria. La mayoría de su equipo sénior se mantenía a la búsqueda de esa oferta que les permitiera mudarse a otra compañía.

El CEO me pidió que le ayudara a evaluar el talento en líderes de los niveles superiores. Además, conformó un panel de cinco empleados de diversos niveles de la organización para que evaluara quién sería el mejor candidato para ocupar el nuevo cargo de vicepresidente de mercadotecnia. Lo que hice fue recomendarles un proceso en el cual los candidatos realizaran una entrevista frente al panel, y les di algunos consejos sobre cómo trabajar mejor para aprender sobre cada candidato. Durante las entrevistas, al panel terminó gustándole mucho un candidato y también hubo otro que no les gustó. Durante la sesión informativa, se hizo evidente que el CEO sentía exactamente lo contrario al panel respecto a quién era el candidato más fuerte, así que le dijo al panel con mucha autoridad: "¡Están equivocados!". El entusiasmo y el compromiso del panel para ayudar a examinar a los candidatos se disiparon de inmediato y fueron remplazados por ira y frustración ante las duras críticas del CEO.

¡Varias semanas después, y ante nueva información, se hizo evidente que el panel tenía toda la razón sobre los dos candidatos!

¿Puede un líder despótico cambiar para volverse menos crítico?

A menudo, me sorprendo cuando las empresas toleran a los gerentes abusivos. Desafortunadamente, ellos suelen obtener resultados, motivo por el cual se salen con la suya en cuanto a la forma en que tratan al personal que tienen bajo su mando. Sin embargo, si suficientes empleados se quejaran en Recursos Humanos, eso podría inclinar la balanza, aunque su comportamiento seguiría siendo atroz.

Lo que voy a decir sería producto de desacuerdo entre muchos expertos. Por lo general, cuando una empresa me pide que trabaje con un gerente abusivo para ayudarlo a cambiar su estilo de gestión, soy muy reacio a asumir esa tarea. La probabilidad de éxito es muy pequeña y la mejor ayuda que puedo ofrecer es ayudándoles a lidiar con el sentimiento de culpa a quienes toman la decisión definitiva de despedirlo. "Bueno, tratamos de ayudar a Sam, pero está en su ADN tratar a las personas con dureza. Él nunca cambiará".

A veces, estos gerentes tienen más posibilidades en otro lugar, porque su marca personal negativa ya está demasiado impresa en la organización. Para las empresas es un beneficio sicológico y financiero monitorear y, a menudo, prescindir de los líderes abusivos en beneficio de la salud y el bienestar de sus empleados. Con relación al liderazgo abusivo, recomiendo una política de no tolerancia.

La gran pregunta que formulamos en este capítulo es que, si no puedes criticar a alguien y decirle lo que está mal, ¿cómo va a mejorar esa persona? ¿Qué puede hacer un gran líder cuando los miembros de su organización no están alineados con los valores, la misión, los objetivos, los estándares y los procesos de la organización? El tema del Capítulo 6 es cómo corregir el bajo rendimiento. ¡Hay una mejor manera!

Únete a mi cruzada

Una de las frases que hemos escuchado toda nuestra vida es *crítica constructiva*. Casi siempre, lo que esto significa es que voy a destruirte emocionalmente, pero mis motivos son positivos. No suele haber nada constructivo al respecto; y cuando nos dicen esta frase por adelantado, nos ponemos alerta excesiva. Nunca he escuchado de un solo caso en que las críticas fueran constructivas. ¿Tú, sí?

Quizás alguna vez has estado buscando unirte a una causa. Esta es una buena: te propongo que te unas a la prohibición mundial de la frase *crítica constructiva*. Puedes firmar tu inscripción en mi sitio web: www.drtimirwin.com. Gente del mundo, únanse a esta causa, ¡erradiquemos la expresión *crítica constructiva!*

6 Retroalimentación basada en la alianza

Lo que los directores ejecutivos experimentados saben sobre cómo ayudar a otros a cambiar

Durante mi época universitaria, trabajé varios años lavando los platos en una cafetería ubicada al lado de nuestro campus. La mayoría de los empleados estaba compuesta por estudiantes; y el jefe, el Sr. Benson, la atendía sin ningún problema. El Sr. Benson, conocido por ser alguien muy relajado, destinaba un momento muy agradable para que los estudiantes, profesores y personal de la universidad compartiéramos la hora del almuerzo.

Después de comer, todos dejaban sus bandejas en la ventana de paso y yo me encargaba de vaciar la comida sobrante en unas cubetas. Luego, colocábamos los platos en un lavavajillas industrial muy grande. Todos los días, dos granjeros que eran hermanos, Joe y Sam, venían alrededor de las 2:00 p.m. para recoger las cubetas, llenas de una mezcla de comida no tan apetecible, acumulada durante varias horas. Los granjeros las usaban para dejar que sus cerdos *se revolcaran en ellas*. Hoy en día, cuando uso la frase *desayuno de cerdo* para describir una situación desordenada, sé muy bien a lo que me refiero.

Mi trabajo no era intelectualmente estimulante, así que algunos de los otros trabajadores y yo bromeamos y pasábamos juntos el rato. Siendo un estudiante universitario inteligente, no había dominado la gracia social de prestarles atención a los sentimientos de los demás cuando bromeaba sobre algo. Todos los miércoles, la cafetería servía jamón como plato principal. Se desechaban abundantes porciones de jamón al horno y yo las tiraba en las cubetas. Ese día fue particularmente aburrido, así que decidí bromear con los granjeros. Cuando llegaron, actué muy preocupado y les dije: "Chicos, he estado pensando en la comida con la que estamos alimentando a los cerdos hoy. ¿Se dan cuenta de que los estamos convirtiendo en caníbales? Piénsenlo y verán. Los estamos alimentando de sus hermanos. Podrían estar alimentándose de su mejor amigo". Cada una de mis frases los ponía más inquietos. "Esto no está bien. Estos pobres animales están violando su conciencia y ni siquiera saben que tienen una. Tenemos que tomar una posición contra el canibalismo rampante aquí en nuestra propia ciudad". Mis amigos universitarios se reían, pero los granjeros no.

Ellos sonreían con mucha gentileza, pero se hizo cada vez más obvio que mi humor simplista los hacía sentir muy incómodos. Recogieron sus cubetas y se dirigieron a la puerta trasera de su camión. Sin que yo lo supiera, Joe y Sam se encontraron con el Sr. Benson en el estacionamiento y le describieron lo que acababa de suceder en el área de lavado de platos. Estaban muy agradecidos de tener comida gratis para sus cerdos y no querían ofender a nadie.

El Sr. Benson me pidió que pasara por su oficina después del trabajo esa tarde. Cerró la puerta y me pidió que tomara asiento. "Tim, nos encanta la misión de nuestra cafetería: brindar comida saludable, apetitosa y agradable en medio de un buen ambiente para los estudiantes, profesores y el personal de la universidad. Nos sentimos bendecidos con esta ubicación tan fantástica y con un gran equipo de trabajo, incluyéndote a ti. Una parte crítica de nuestro equipo es nuestro grupo de agricultores locales. Algunos nos traen productos frescos y otros, como Joe y Sam, realizan un servicio valioso al eliminar cientos de libras de desperdicios de comida de la cafetería para darles un buen uso. Nos gusta cómo encaja esto con nuestros sólidos valores de gestión ambiental. Joe y Sam son buenos hombres que aman la granja. Son leales, concienzudos y se presentan todos los días para hacer su trabajo. Pensaron que hablabas en serio y no querían violar tu sensibilidad moral. Yo les aseguré que ellos eran una parte importantísima de nuestro equipo, que los valoramos y contamos con que traigan sus cubetas vacías a la cafetería todos los días. Además, les dije que no debían preocuparse ni en lo más mínimo con respecto a lo que les dijiste".

Para este punto, me había deslizado tan bajo en el sofá del Sr. Benson, que estoy seguro de que me perdió de vista. "Tim, como he llegado a conocerte a lo largo de este año, creo que te preocupas por las personas y por la misión de nuestra cafetería. Sé que no vas a lavar platos por el resto de tu vida, pero este es un momento importante para que aprendas a alinear tus acciones y tus palabras con tus valores y los valores de nuestra cafetería. Creo que la forma en que tratamos a las personas es importante, más que cualquier cosa. Quiero ayudarte a expresar quién eres tú realmente, por lo que sé que te disculparás con Joe y Sam mañana por la tarde cuando ellos vengan a recoger la comida en sus cubetas. Gracias por trabajar aquí y espero que lo recuerdes como uno de los trabajos más importantes que hayas tenido".

Mi garganta llena de emoción apenas sí podía pronunciar una palabra. Como pude, le aseguré al Sr. Benson que nunca volvería a suceder nada como eso. Le agradecí por hablar conmigo y salí de su oficina con algo de humildad y sabiduría —las necesitaba bastante—. Llegué a trabajar al día siguiente, no tan orgulloso de mí mismo, y me disculpé con Joe y Sam. Les aseguré cuánto apreciábamos sus servicios para que nuestra cafetería funcionara sin problemas. Ellos se rieron y dijeron: "De todos modos, los cerdos no podrían ser caníbales; si acaso, *cerdíbales*". Ese día nos hicimos buenos amigos.

El Sr. Benson no tenía un MBA, ni dirigía un negocio sofisticado, ni se hizo rico por dirigir una sencilla cafetería a la hora del almuerzo en una ciudad universitaria. Sin embargo, hizo algo más importante aún: impactó a muchas personas y me ayudó a atravesar por un momento de transformación. Él tenía todo el derecho de haberme reducido a mi más mínima expresión y despedirme. Puse en riesgo una parte clave en su negocio de servicio de comida y me burlé de algunos de sus queridos amigos, pero él eligió ayudarme a crecer a partir de la experiencia. Crecí y lo recuerdo hoy como gran jefe y modelo a seguir.

En el Capítulo 5, revisamos la evidencia convincente de que la crítica es una manera muy ineficaz de liderar e identificamos sus diversos efectos en nuestro cerebro. Nadie que se tome en serio la creación de una fuerza laboral sólida (o de una familia saludable, un equipo ganador o un grupo de voluntarios efectivo) utilizará la crítica, ni ningún otro lenguaje abusivo para amonestar a quienes le rodean.

Como he dicho a lo largo de estas páginas, no estoy diciendo que estos principios se apliquen a todas las personas que hacen parte de nuestra vida. Es imposible intentar transformar a todos aquellos con quienes tenemos contacto. Además, en honor a la verdad, hay muchas ocasiones en las que la realidad es que necesitamos hablar con franqueza crítica sin que el enfoque sea tener que preocuparnos por sacar a relucir lo mejor de quien tenemos frente a nosotros. Más que nada, este libro está enfocado en cómo hacer para sacar lo mejor de quienes lideramos en el campo laboral, como padres, maestros, entrenadores, y todas estas funciones abarcan un limitado universo de personas.

La pregunta comprensible es: sin hacer uso de comentarios negativos o críticas, ¿cómo persuadir a quienes lideramos para que cambien lo que están haciendo cuando están fuera de foco, siendo ineficaces, cometiendo errores o no actuando de manera coherente con la misión, los objetivos o los valores de la organización? ¿Cómo corregir a una persona que se salió del cauce sin desencadenar todos los problemas mencionados en el Capítulo 5?

Retroalimentación desde el enfoque de la alianza

Este tipo de retroalimentación describe cómo poner a las personas en línea con sus valores y aspiraciones individuales y/o la misión, estrategia, objetivos y valores de su organización. *La retroalimentación desde el enfoque de la alianza señala a manera de apoyo cuáles son aquellas contradicciones entre las intenciones de una persona y su comportamiento.*

La palabra *alianza* transmite la idea de que necesitamos estar alineados en este esfuerzo. Por lo general, la retroalimentación crítica es enjuiciadora porque le dice al destinatario: "Usted no está de acuerdo con lo que yo, como su líder, considero correcto". No estoy sugiriendo que la mayoría de los líderes ofrezca este tipo de retroalimentación de una manera desagradable, pero lo que sí estoy diciendo es que, desagradable o no, la retroalimentación coloca a quien la da en una posición superior al poder decirles a los demás: "*Ustedes* no están cumpliendo con *mis* expectativas". Si queremos sacar lo mejor de un miembro de nuestro equipo, es más probable que lo hagamos mejor si formamos una alianza que esté destinada a ayudarle. Después de todo, si bien es posible que sepamos mucho más que él o ella sobre el trabajo, no somos sus padres, sino sus colegas y estamos usando nuestro juicio y experiencia para ayudarle a sobresalir.

Hay dos tipos de retroalimentación con enfoque en la alianza. La primera categoría se centra en las *aspiraciones* y le dice al empleado: "Tienes aspiraciones, esperanzas, sueños y metas personales que son importantes para ti y quiero ayudártelas a alcanzar. *Aspire* proviene del francés antiguo y significa "esforzarse por obtener, escalar o respirar"[1]. La retroalimentación centrada en las aspiraciones tiende a enfocarse en las esperanzas y los sueños del individuo. "Es más probable que logres tus aspiraciones si haces esto". Puede tratarse de trabajar con los demás de forma más colaborativa, abordar el problema de determinada manera o escuchar más a los clientes antes de establecer una agenda. La idea fundamental es asegurarnos de crear un vínculo entre algo que la persona desea lograr y un cambio que ella necesita hacer. Le estamos diciendo al receptor de nuestra perspectiva contraria que "*recuerde su porqué personal*". El líder está alentando a su subordinado a inyectarle vida a su esfuerzo.

La segunda categoría de retroalimentación enfocada en la alianza está relacionada con la *misión*. Se basa en el deseo mutuo o colectivo de cumplir con la misión empresarial, así como con los objetivos de rendimiento que las partes involucradas consideran como contribuciones valiosas para la empresa en general. La retroalimentación de esta naturaleza crea una *alianza enfocada en la misión*. Cuando un empleado se aleja de las acciones que apoyan la misión y los objetivos establecidos por su lugar de trabajo, esa es una oportunidad para señalarle sus incongruencias.

Si queremos sacar a relucir lo mejor de otra persona, es más probable que lo logremos si formamos una alianza destinada a ayudarle.

La alianza enfocada en la misión incluye la revisión conjunta, tanto del líder como de su subordinado, de aquello que se propusieron lograr; implica una evaluación del progreso que se está dando con el fin de alcanzar las metas acordadas mutuamente y cómo el subordinado podría mejorar en los próximos meses. A la hora de hacer una retroalimentación enfocada en la misión, la característica más importante de la conversación entre un jefe y un subordinado es establecer una conexión entre el trabajo del empleado y la misión y los objetivos que ellos *acuerden mutuamente como aspectos relevantes e importantes*.

Hay ocho condiciones que hacen que el enfoque anterior sea efectivo, pues galvanizarán nuestra perspectiva y sentarán las bases para una retroalimentación efectiva:

1. Recuerda que nuestra amígdala posee un sesgo de negatividad siempre presente, el cual está programado para detectar amenazas. A veces, en las zonas de guerra, los combatientes enemigos colocan *cables de viaje* con un nylon de pesca transparente conectado al detonador de una carga explosiva. De igual manera, cuando queremos ayudar a alguien a crecer, si queremos lograr nuestra intención de hacer que la conversación se sienta segura, tenemos que evitar tocar sus cables de viaje. Al principio de mi matrimonio, supe que era muy estúpido de mi parte decirle a mi esposa que estaba actuando como Mamie, una de sus abuelas. Ella, Señor, bendice su corazón, fue un poco crítica, aguda y perspicaz —aparte de eso, ¡era una persona encantadora!—. Al comparar a Anne con Mamie, yo creaba una ruta directa a la amígdala de Anne, ¡un método seguro para hacer que la conversación saliera mal!

2. Otro aspecto crítico de hacer que los comentarios de la retroalimentación enfocada en la alianza sean útiles para el receptor es asegurarnos de mantenernos bien enfocados y con los pies sobre la tierra. Necesitamos dejar de lado las distracciones y asegurarnos de que el destinatario sepa que él o ella es nuestro único enfoque en ese momento. Preparémonos para la conversación y asegurémonos de que el momento sea adecuado para los dos. Una cierta forma de activar la amígdala es transmitiendo irritación o impaciencia, incluso si esos sentimientos no tienen nada que ver con la persona con la cual estamos reunidos.

La retroalimentación enfocada en la alianza genera contradicciones en el comportamiento de la persona incluso en un ambiente de apoyo.

Participar en la transformación de otra persona es costoso. Un CEO manifestó: "Tienes que dedicarle tiempo a hacer que este proceso sea útil. No es cuestión de entrar y de una vez volar el puente". Pagamos un precio significativo preparándonos a nivel emocional para hacer una retroalimentación efectiva basada en la alianza. Puede que tengas ganas de decir: "¿Cuándo vas a decidirte a hacer lo que tienes que hacer? ¿Vas a actuar o no?", pero la expresión de esta actitud acabaría por completo con la eficacia de cualquier retroalimentación que estés dando. Decía un CEO: "Tienes que amar a alguien lo suficiente como para darle retroalimentación". Tiene razón. Es necesario que nos involucremos y hagamos ese esfuerzo que hay que hacer para procurar darles siempre respuestas reflexivas a quienes están bajo nuestro liderazgo. En ocasiones, nos cuesta trabajo analizar si la información que impartimos proviene de nuestro corazón y es la mejor para ellos.

3. Un CEO de una organización muy grande dijo que cuando su jefe favorito le daba su opinión, siempre lo hacía en función de que él "mejorara". Así que estoy convencido de que si estamos seguros de que nuestro interlocutor *está de nuestra parte*, podemos escuchar casi cualquier cosa que tenga que decirnos. Una forma de evitar involucrar el lado defensivo de la amígdala del receptor de la retroalimentación es asegurándonos de que él se sienta seguro con nosotros.

Otro CEO afirma que si alguien está dando una retroalimentación despectiva, "esa no es una retroalimentación. Es un abuso". Creo que es necesario que dentro de la conversación haya un tono que suene algo así como: "Con excepción de su familia, no hay nadie en el planeta más interesado en usted que yo. Estoy comprometido con su éxito y con su avance en nuestra organización". Un director ejecutivo comentó que, incluso cuando su jefe lo "criticaba", él no sentía sus palabras como una crítica, sino como "una afirmación". Así es como debería funcionar una buena retroalimentación. Un entorno de apoyo es la clave para entregar una retroalimentación efectiva enfocada en la alianza. Durante una entrevista que sostuve con un CEO, él manifestó: "Yo les digo a los destinatarios de mis retroalimentaciones: '¡Creo que tú puedes ser tu mejor tú!'". Otro CEO comentó que su jefe más influyente siempre le firmó sus correos electrónicos así: "EODT". Significaba: "Estoy orgulloso de ti". Aparentemente, él adoptó esa práctica de Mr. Rogers. El hecho es que este CEO aceptó que le encantaba obtener esa clase de motivación y aseguró que incluso una "simple motivación" significa mucho.

Un CEO afirma que si alguien está dando una retroalimentación despectiva, "esa no es una retroalimentación. Es un abuso".

4. Atribúyele características positivas al destinatario de tu retroalimentación enfocada en la alianza. El Sr. Benson lo hizo magistralmente conmigo cuando describió mi enorme sentido del humor en mi conversación con Joe y Sam. Es casi una certeza universal que *juzgamos a los demás por su comportamiento, mientras que nos juzgamos a nosotros mismos por nuestras intenciones* (por lo general, consideradas buenas y puras). Casi nunca conocemos por completo cuáles son las circunstancias de la vida de las personas; por tal razón, le ayuda al receptor de nuestra retroalimentación saber que creemos que él o ella se preocupan por los valores y la misión de nuestra organización. Sinceramente, a veces tengo un lado cínico y crítico que se interpone en mi camino y, cuando eso sucede, debo mantenerme muy enfocado en que se trata de atribuirles características positivas a los demás. Lo encuentro especialmente difícil en entornos altamente politizados, ya que sé que las personas están tratando de aprovecharse del orden jerárquico. De hecho, hay quienes pueden no tener características positivas. No creo que debamos ser ingenuos con respecto a las cualidades de los demás, pero cuando empezamos una retroalimentación haciendo mención de algún atributo positivo, aumentamos la probabilidad de influir en el receptor. El Sr. Benson quizá se preguntó si yo era un completo idiota que pensaba que de alguna manera

era superior a aquellos tontos agricultores, pero me dio el beneficio de la duda. Él alimentó el lado más noble de mis aspiraciones con sus suposiciones positivas y sacó lo mejor de mí.

Un amigo mío viajaba en el Metro en la Ciudad de Nueva York rumbo al otro lado de la ciudad y, para pasar el tiempo, se dedicó al leer el *The Wall Street Journal*. No le prestaba atención a lo que sucedía a su alrededor, pero no podía dejar de notar que tres niños en edad escolar correteaban muy inquietos alrededor del vagón. Mientras giraban alrededor de las barras cromadas, chocaban con otros pasajeros quienes iban en creciente molestia. Algunos de los adultos mayores se mostraban bastante nerviosos ante la probabilidad de que los niños pudieran causar que alguien se cayera o se lesionara. El hombre que parecía ser su padre no hacía ni el más mínimo esfuerzo por tratar de controlar a sus hijos. De hecho, se mantuvo enajenado ante su conducta y frente al disgusto de los otros pasajeros.

Mi amigo es un padre amoroso, pero también estricto cuando se trata del comportamiento de sus hijos, sobre todo, en público. Por esa razón, a veces suele ser duro y un poco crítico con respecto a la crianza laxa de los niños que ve en público, así que decidió que era hora de hablar. Se inclinó hacia el padre de los chicos, quien estaba sentado cerca de él, y le dio una palmada en la rodilla diciendo: "Señor, no sé si se haya dado cuenta, pero sus hijos están incomodando a los otros pasajeros. ¿No cree que sería una buena idea hacer que se sentaran?". Mi amigo dijo que el hombre pareció emerger de un profundo estupor. Miró a su alrededor enajenado por completo del comportamiento de sus hijos y contestó: "Lo siento mucho. Acabamos de salir del funeral de mi esposa y yo...". En ese momento, comenzó a llorar incontrolablemente.

El dolor crudo de aquel hombre penetró a mi amigo hasta la médula. Al instante, sintió culpa y remordimiento por juzgar con tanta severidad a este pobre padre que lamentó la muerte de su esposa y se dio cuenta con más certeza que nunca que ahora debería criar y apoyar él solo a sus tres pequeños. Mi amigo se sintió muy mal al darse cuenta de lo rápido que le atribuyó los peores motivos a ese padre sin saber nada sobre las circunstancias de su vida.

Es muy importante aclarar que no estoy diciendo que las personas en nuestras organizaciones (o nuestros niños o nuestros estudiantes) no deben ser responsables de sus acciones, ni de los resultados que deben alcanzar. Si estamos convencidos de que a alguien no le importa la organización o su trabajo, debemos ayudarlo a salir de ella (más sobre este tema en el Capítulo 7). Atribuirle a nuestro interlocutor motivos positivos levanta el plano de la conversación y pone el foco en qué y cómo la persona podría cambiar para tener éxito. Quitemos de la conversación el tema turbio de la mala actitud y preguntemos: "¿Cómo puedo ayudarlo a identificar y resolver cualquier déficit de conocimiento o de habilidad o las fallas en su trabajo?". Cuando analizamos un problema, ayudémosle a la persona a asumir que él o ella quieren tener éxito.

5. Un aspecto crítico de la retroalimentación enfocada en las aspiraciones es que queremos ayudarles a aquellos a quienes dirigimos a ser más conscientes de cómo *sus acciones* crean una barrera que les impide alcanzar *sus aspiraciones*. Un CEO afirmó que lo que debemos lograr es que nuestra retroalimentación "haga que la persona piense profundamente en sí misma. Que se vea reflejada y se vuelva más consciente de sí misma". Al dar nuestra retroalimentación basada en la alianza debemos señalarle a nuestro subordinado cualquier inconsistencia en cuanto a su comportamiento, sus sueños y sus esperanzas. Sin lugar a dudas, el motivador más poderoso para el cambio es lo importante que este sea para nosotros. Podemos enfatizar la importancia de las acciones personales y el equipo en primer lugar, pero no seríamos conscientes de que nuestro cerebro está cableado para que nos enfoquemos en nuestro interés propio.

Al dar nuestra retroalimentación basada en la alianza, debemos señalarle a nuestro subordinado cualquier inconsistencia en cuanto a su comportamiento, sus sueños y sus esperanzas.

El siguiente ejemplo demuestra cómo un líder corporativo podría vincular la retroalimentación enfocada en la alianza con las aspiraciones personales. "Sé que usted realmente desea convertirse en vicepresidente y dirigir este departamento dentro de los próximos cinco años. Para alcanzar ese objetivo, es esencial que aprenda a colaborar de manera más efectiva y que logre que sus colegas apoyen sus iniciativas en otras áreas".

Trabajé con una compañía altamente exitosa que tenía como premisa desalentar a sus empleados con respecto a hablar sobre sus aspiraciones profesionales. La empresa lo hacía bajo el supuesto de que la función del jefe era reconocer el talento de sus subordinados y guiarlos en la progresión de sus carreras. Además, allí pensaban que era necesario restringir cualquier tendencia de un empleado a autoengrandecerse. Si bien creo que el jefe desempeña un papel fundamental para guiar y promover el desarrollo de la gente a la que él o ella dirigen, es mucho más efectivo conectar la retroalimentación con una razón personal convincente, como las esperanzas de progresar que cada uno tenemos. La ciencia del cerebro aboga por comprometer la motivación intrínseca del individuo y los beneficios de este enfoque son sorprendentes.

6. Algunos de los directores ejecutivos que entrevisté destacaron que la retroalimentación debería ser alentadora y desafiante al mismo tiempo. Uno me dijo que su jefe favorito "lo puso en aprietos", pero con la muy clara motivación de volverlo más fuerte. Citó a Jesse Owens, medallista de oro olímpico en cuatro ocasiones, quien dijo: "Si lo que enfrentas no te desafía, no te cambiará". Luego, el CEO agregó: "Cualquier comentario que ofrezco debe tener una clara e inequívoca intención de beneficiar al receptor".

Idealmente, un jefe debe conectar con una afirmación los comentarios hechos a lo largo de una retroalimentación enfocada en la alianza, porque así hace que dichos comentarios sean aún más relevantes. Es menos probable que trivialicemos o nos desconectemos de esos comentarios si estos van unidos a una afirmación. Además, esta táctica hace que el receptor sea más resistente a cualquier crítica recibida de otras fuentes, como compañeros descontentos.

7. El tono de la conversación para dar retroalimentación con enfoque en la alianza debe ser profesional y adulto en todo momento. En ocasiones, observo que los líderes hacen comentarios críticos como si estuvieran no frente a empleados adultos, sino a niños regañados —como si ellos fueran los "enviados de sus padres" y se dirigen a ellos como si los estuvieran reprendiendo. Sí es recomendable un tono directo, pero no uno que parezca paternal, ni maternal.

Un CEO señaló que, al principio de su carrera, su jefe favorito siempre trataba al equipo de trabajo con altura y dignidad. Otro dijo que cuando su jefe le daba retroalimentación, él nunca se sentía "disminuido". Su jefe siempre fue "colaborativo e inclusivo". Otro CEO que entrevisté, dijo: "La forma en que me preparo para darle retroalimentación a alguien es recordando que todos somos ¡imperfectos, incluso yo mismo lo soy!". Estas perspectivas establecen un tono saludable que todos estamos tratando de manejar, pues todas envían el mensaje: "No soy mejor que tú, pero sí he estado en la pista unas cuantas veces más. Parte de mi función es ayudarte a que alcances tu máximo potencial y a que no desistas en el camino".

8. Un consejero delegado dijo: "Debes lograr que el problema sea el problema, no el carácter de la persona". Existe una gran diferencia entre discutir sobre una acción equivocada y criticar a la persona que se equivocó al actuar. La retroalimentación enfocada

en la alianza debe ser útil, pero no degradante. Lo más importante es que proporcione información (por ejemplo, un entrenador que le dice a un jugador cómo mejorar una jugada) al tiempo que transmite un respeto total por la persona en sí. Uno de los directores ejecutivos que entrevisté antes de escribir este libro afirmó: "La crítica personal no tiene cabida en el lugar de trabajo". Otro director ejecutivo que también entrevisté recomendó que antes de hacerle comentarios a un subordinado es necesario que reflexionemos sobre nuestra *postura actitudinal* del momento: "¿Tengo un espíritu crítico hacia esta persona o realmente estoy tratando de ayudarla?"

Investigaciones sobre el cerebro afirman que vincular la retroalimentación enfocada en la alianza con las esperanzas, los sueños y las aspiraciones de las personas incluye los siguientes cuatro beneficios:

1. Activa áreas del cerebro asociadas con las emociones positivas, con la calma y con apertura hacia nuevas ideas[2].

2. Activa los circuitos cerebrales que son afectados por la liberación de hormonas como la oxitocina, conocida por su papel en la confianza y el apego[3].

3. Activa los circuitos cerebrales que están asociados con el sistema nervioso parasimpático, que se sabe que respalda la salud inmunológica, la salud cardiovascular y el equilibrio hormonal[4].

4. Fomenta la apertura a nuevas ideas. En contraste, señalar las debilidades individuales de las personas activa partes del cerebro asociadas con la respuesta al estrés[5].

Evacuador de advertencias: este enfoque puede no funcionar

Una directora general resumió su perspectiva sobre la retroalimentación diciendo: "La clave para brindar el tipo de retroalimentación que un subordinado podría considerar como fundamental es fomentando una relación y una base de confianza con él o ella". *No soy ingenuo ante la realidad de que algunos de quienes alcanzan un rol administrativo experto, incluidos aquellos que pertenecen a los más altos niveles, no son confiables, ni necesariamente se preocupan por establecer una relación con sus subordinados.* De hecho, he visto a algunos líderes de alto rango *armarse* antes de hacer sus comentarios. He conocido a muchos ejecutivos de alto nivel a quienes yo no he considerado lo suficientemente honestos, ni bien intencionados para aplicar estos principios con integridad y coherencia. Como quedó establecido en el Capítulo 4, para sacar a relucir lo mejor de otra persona, primero que todo, nosotros mismos debemos tener un núcleo intacto. A falta de eso, los principios expuestos en este libro se vuelven irrelevantes.

A aquellos que tienen un jefe que carece de un núcleo intacto les extiendo mi más profunda simpatía. Las circunstancias de algunas personas no les permiten cambiar de trabajo; a otras, el tamaño de la empresa les limita su movilidad interna. A todas, les insto a que utilicen todas sus fuerzas y busquen otras opciones. A veces, encontrar un defensor en recursos humanos tiene sentido. Los movimientos más riesgosos son confrontar a tu jefe o dirigirte al de él o ella con todas tus inquietudes. Busca el consejo de un asesor de confianza para que te ayude a analizar cuáles podrían ser tus mejores opciones al respecto.

Incluso si aceptamos la filosofía y las prácticas de este libro, hay personas en nuestras organizaciones que no se beneficiarán, ni recibirán una retroalimentación basada en la alianza, incluso cuando sean bien intencionadas y hábilmente entregadas. Cuando estamos en condiciones de reconocer que una persona de la que tenemos responsabilidad de gestión no responde a nuestras atribuciones más altruistas, ni al deseo transparente que hay en nosotros de sacar a relucir lo mejor de ellas, ¿qué hacemos? Este es el tema del siguiente capítulo.

7   *Sé un Influencer* aplicado a personas de bajo rendimiento

Sacando a relucir lo mejor de alguien que perdió su rumbo

La premisa fundamental de *Sé un Influencer* se basa en la creencia de que el principal llamado de un líder es sacar a relucir lo mejor de los demás. La afirmación del *estilo y la competencia tradicional* de quienes nos rodean contribuye en gran manera al logro de ese objetivo. Hablarle palabras de vida al *núcleo* de las personas es un hecho que genera verdadera transformación.

Otra premisa básica de este libro es mostrar qué es y en qué consiste la retroalimentación basada en la alianza —lograr cambios que contribuyan al cumplimiento de las aspiraciones del receptor—. Este tipo de retroalimentación es un medio efectivo para alinear los objetivos de nuestros subordinados con los objetivos, la misión, las estrategias y la cultura de la organización.

Los problemas de rendimiento de cada empleado se abordan de forma personalizada. Aunque no siempre es el caso, estos suelen estar arraigados en su estilo ineficaz, en su falta de competencia, en su núcleo violentado o en alguna combinación de los tres.

Las siguientes son preguntas de suma importancia en cuanto al tema:

- ¿Cómo sacar lo mejor de aquellos que experimentan problemas de rendimiento?

- ¿Habrá casos en los que los problemas de desempeño laboral de un empleado no puedan remediarse de ninguna forma?

- Si nos embarcamos en el esfuerzo de ayudarle a alguien a crecer, ¿cuáles son las posibilidades de éxito?

- ¿Es realista pensar en sacar a relucir lo mejor de alguien que está perdiendo o ya perdió su rumbo?

Los problemas de rendimiento de cada empleado suelen abordarse de forma personalizada. Aunque no siempre es el caso, estos suelen estar arraigados en su estilo ineficaz, en su falta de competencia, en su núcleo violentado o en alguna combinación de los tres.

Primera historia verídica

Cuando terminé la escuela de posgrado y comencé a conformar mi primera empresa de consultoría, mi esposa me regaló un hermoso escritorio antiguo color bronce con una tapa de cuero hecha a mano. Era toda una obra de arte y se convirtió en una de mis posesiones más preciadas. Hoy, mi escritorio sigue siendo la pieza central de mi oficina.

Una administradora recién vinculada a nuestra empresa cometió algunos errores importantes en un trabajo que le asigné, así que, buscando hacer las paces conmigo, se detuvo una mañana en la tienda de *muffins* que hay en el edificio donde tenemos nuestras oficinas y me compró mi *muffin* favorito —el de arándanos con una gran cobertura crujiente—. Me lo trajeron de la tienda antes de que yo llegara a trabajar y me lo dejaron justo sobre mi escritorio favorito, solo que sin plato, ni servilleta; no había nada entre la superficie de mi escritorio y el papel encerado sobre el que viene el *muffin*. Cuando llegué, mis ojos se enfocaron de inmediato en una mancha gigantesca y aceitosa que se había formado debajo del *muffin*, sobre mi bello escritorio. El aceite de cocina hizo un efecto perverso y directo sobre el cuero dejando una fea mancha oscura. Cuando algunos de los otros miembros del equipo se dieron cuenta de lo sucedido, se pusieron en acción para tratar de sacar el aceite del cuero, pero fue en vano. Incluso citaban a Shakespeare: "¡Fuera, fuera, de este maldito lugar!". Al ver lo sucedido, nuestra nueva administradora se retiró en silencio a la sala de producción de materiales.

Melissa tenía muchos principios, era muy inteligente y con magníficas habilidades interpersonales, pero no tenía el conjunto de destrezas, ni la personalidad que se requiere para llevar a cabo la creciente carga de trabajo administrativo —que es muy exigente y detallado en nuestra oficina—. El verdadero problema no fue el aceite del *muffin* sobre mi escritorio, pero sirvió como el catalizador que necesitábamos para abordar sus desafíos en la oficina.

Estábamos en un momento de verdad, no por mi escritorio, sino por el mal ajuste entre sus fortalezas y los requisitos del trabajo. En el proceso de hablar con algunos miembros del personal de R.R.H.H surgió información importante acerca de ella. Melissa odiaba el trabajo administrativo detallado. Su pasión era el diseño de interiores y quería encontrar por todos los medios una manera de entrar a ese mundo. Ante esto, decidimos que era mejor que ella continuara su camino y le dimos un periodo de transición que la ayudara a alcanzar sus aspiraciones más elevadas.

Melissa parecía bastante aliviada y agradecida por el hecho de haberle dado esa espera para encontrar un nuevo trabajo. Tres meses después, dejó la empresa para ser aprendiz de un diseñador de interiores líder en la ciudad.

Sus problemas de rendimiento nos recordaron que, si queremos contratar a una persona excelente para un trabajo en particular, es necesario hacer un proceso riguroso que garantice de todas las formas posibles las aptitudes del aspirante con el fin de lograr el empalme más adecuado posible entre el empleado y el cargo que va a desempeñar. Lo contradictorio del asunto es que en nuestra empresa nos encargamos de brindarles este servicio a nuestros clientes, pero suele suceder que los "niños del zapatero no tienen zapatos". A lo largo de los años, la mancha de grasa que dejó el *muffin* sobre mi escritorio se ha ido desvaneciendo debido a otros accidentes, incluidos los que yo mismo he causado derramando mi café unas cuantas veces.

Esos accidentes han ido formando un bonito barniz ¡añadiéndole belleza al escritorio!

¿Melissa tenía un núcleo vulnerado? En lo más mínimo. Simplemente, no tenía el estilo, ni la competencia para sobresalir en un cargo administrativo. Fui yo el responsable al no haber tenido más cuidado en darme cuenta de su falta de habilidad administrativa e interés antes de contratarla. ¿Deberíamos haber intentado desarrollar en ella las habilidades que se requieren para ocupar ese puesto? No lo creo. Sus intereses estaban en otra área y nosotros no teníamos convicción de que un esfuerzo de nuestra parte generaría en ella el crecimiento requerido.

Segunda historia verídica

El director general de una organización vinculada a la industria de la hospitalidad me contactó para expresarme la frustración que le generaba el trabajo de un ejecutivo de su compañía que se desempeñaba bastante bien y, sin embargo, no lograba generar confianza en los otros cinco miembros de su equipo ejecutivo. Me dijo: "David podría ser la persona con el mayor potencial para superar incluso mis propios resultados, pero no lo logrará si no consigue que el resto del equipo lo respalde". Luego, me preguntó: "¿Podrías arreglar esa situación?". Varias semanas más tarde, volé a Chicago para reunirme con David y también con los otros miembros del equipo.

Los problemas que surgieron una y otra vez a lo largo de mis entrevistas fueron que David:

- Hablaba demasiado y no escuchaba a los otros miembros de su equipo.

- Dejó ver que el suyo era un caso terminal de certeza sobre cualquier tema, incluso cuando no tenía ninguna base para mostrar que estaba en lo cierto.

- No mostró respeto por las opiniones de los demás.

- A veces, caminaba demasiado cerca de los límites del presupuesto y al filo de otras políticas corporativas cuando se trataba de clientes potenciales.

- Tenía que ser la figura estrella en cualquier evento que involucrara clientes o prospectos.

- No lideraba a su propio equipo en sus áreas de responsabilidad.

- Ejercía un manejo descuidado de sus propios informes.

La apreciación generalizada de sus capacidades igualaba a la inquietud que sentían sus compañeros por sus limitaciones. Todos esperaban que él pudiera cambiar, pero manifestaban fuertes dudas frente al hecho de que era poco probable que lo lograra dada la profundidad de sus problemas. David y yo acordamos trabajar juntos en un enfoque que lo ayudara a desarrollar aún más su potencial de liderazgo y a tomar en consideración las preocupaciones de su jefe y sus compañeros.

Entre los dos, decidimos que él completaría un instrumento de retroalimentación multiradar (a veces llamado retroalimentación de 360 grados) y otro par de evaluaciones sicológicas. Un buen instrumento multiradar proporciona una visión del comportamiento muy detallada y sincera de cómo otros ven a la persona que está siendo calificada. Los resultados de dicha retroalimentación fueron espantosos y representaron un duro golpe para su ego —los hallazgos obtenidos claramente contrastaban con sus percepciones personales—. Pasamos las siguientes reuniones revisando esos hallazgos y hablando sobre los tipos de cambios que sería necesario implementar.

A veces, el dolor suele ser una fuente efectiva de motivación para crecer. Junto con la perspectiva de un trabajo más importante en el futuro, David trabajó extremadamente duro en las áreas por mejorar que acordamos que eran sus prioridades más altas. En el transcurso de los 18 meses siguientes, David tomó las riendas de su propio desarrollo y logró un progreso notable. Todos los meses recibí algún tipo de comunicación reconociendo su progreso: supo construir relaciones mucho mejores con sus compañeros ejecutivos, les mostraba respeto, escuchaba sus puntos de vista y colaboraba en muchos problemas multifuncionales. La moral del equipo mejoró y sus compañeros se convirtieron en sus mayores defensores. Todos lo consideraban un excelente candidato para ocupar el puesto más alto en unos pocos años más.

Tercera historia verídica

La compañía de componentes electrónicos de un amigo creció a gran velocidad y se volvió mucho más compleja a nivel operativo, así que él decidió contratar a un nuevo vicepresidente de operaciones para que se encargara de abordar una gran cantidad de problemas. Phillip parecía tener exactamente el conjunto de habilidades necesarias y se unió a la compañía de mi amigo con grandes expectativas de que, mediante su gestión, él lograría traer la calma en medio de la tormenta.

Mantenerse al día con las demandas de los clientes llevó a todos al límite. Phillip y el equipo trabajaron largas horas intentando mejorar su tiempo de envío a la vez que mantenían el inventario necesario para suplir la demanda de productos. Sin embargo, su inventario se disparó y su flujo de efectivo empezó a escasear. La línea de crédito comercial casi se agotó y surgieron algunos problemas de calidad en algunos de sus productos estrella. El equipo enteró alcanzó el nivel 10 en el medidor de estrés.

Un año después de haberse vinculado a la compañía, Phillip comenzó a mostrar algunos aspectos oscuros y no detectados de su personalidad. Se entrometía en la vida personal de sus compañeros e insistía en que él conocía las razones específicas por las que cada uno de ellos no podía trabajar horas extras durante algunos fines de semana. Fomentaba la disidencia entre algunos de los otros gerentes de la compañía. Un sello distintivo de la compañía de mi amigo era que le pagaba muy bien a su personal y se aseguraba de que las condiciones de trabajo fueran excelentes. Phillip criticaba al CEO y decía que su compensación era demasiado baja. Su falta de respeto hacia el director general y hacia la cultura de la empresa enfurecía a muchos de sus empleados más leales.

Otros describían a Phillip como "malintencionado". Le hacía comentarios inapropiados y ofensivos al personal femenino. Las quejas sobre él aumentaron, así que mi amigo lo llamó a su oficina para discutir al respecto. Phillip explotó de ira e insistió en que si no fuera por él, la empresa se habría derrumbado. La intensidad de su veneno y su falta de respeto conmocionaron a mi amigo.

La confianza de la empresa declinó y el trabajo en equipo se debilitó. Mi amigo intentó entrenar a Phillip, pero terminó haciéndole un llamado de atención por escrito que establecía que, si quería mantener su trabajo, debía comprometerse a cambiar su comportamiento. Phillip no cambió y mi amigo lo despidió unas semanas después.

Yo no conocía bien a Phillip, pero las pocas veces que él y yo hablamos percibí algunos problemas preocupantes bajo la superficie de su personalidad. Al comienzo, logró contenerse, pero el estrés del negocio en rápido crecimiento superó su capacidad para controlar sus considerables errores.

¿Había algo fundamentalmente malo en Phillip? Sí. Yo solo pude especular sobre el origen de sus problemas, pero cuando mi amigo me pidió consejo, le dije que ninguna clase de entrenamiento le proporcionaría un remedio adecuado. Le dije: "Necesitas sacarlo de tu empresa antes de que haga más daño".

Las tres historias requieren tres soluciones diferentes

1. Melissa *era una persona con un problema* que no podía remediarse con retroalimentación y entrenamiento, pues ocupaba una posición no apta para ella. Lo que Melissa necesitaba era ánimo para perseguir su sueño. Ella fue honesta con respecto a sus aspiraciones y comprendió que su falta de competencia para hacer el trabajo que la empresa necesitaba era un puente demasiado difícil de cruzar.

2. David era *una persona con un problema* y necesitaba entrenamiento profesional intensivo. Su alto nivel de desempeño laboral y su receptividad al cambio demostraron ser de gran valor para la organización. Lo que él necesitaba era que alguien le diera una retroalimentación enfocada en la alianza, junto con el entorno de apoyo adecuado que le ayudara a hacer algunos cambios fundamentales.

3. Phillip era *una persona problemática*. Se requirió un estrés significativo y tiempo para que emergiera su lado más oscuro, pero lo cierto es que su núcleo estaba roto. Su impacto negativo en la organización superó con creces cualquier valor que él pudiera aportar. *Por su bien y el de los demás*, Phillip necesitaba abandonar la empresa.

Los problemas de rendimiento surgen por una serie de razones y tiempo después de que los empleados comienzan a trabajar en una organización. Conocemos personas que fueron promovidas más allá de su competencia. También hay gente cuyas circunstancias de vida cambiaron y comenzaron a afectar en gran manera su desempeño en el trabajo. Hay otros cuya tolerancia al estrés demostró ser deficiente con relación a las demandas de su cargo.

Siempre somos quienes somos si nos dan el tiempo necesario y nos generan el estrés suficiente.

Los líderes sabios evalúan *si sus empleados son personas que están afrontando un problema o si son personas problemáticas.* Discernir esta diferencia se convierte en uno de los asuntos más preocupantes que enfrentan los líderes. En el primer ejemplo, Melissa era una persona con un problema. En el segundo, David también era una persona con un problema, pero requería algo de tiempo y recursos de desarrollo para determinar si podría cambiar. Phillip, en el tercer ejemplo, era una persona problemática para la cual no había una cantidad razonable de desarrollo que cambiara toda la trayectoria inadecuada que resquebrajó su núcleo. Melissa y Phillip dejaron sus respectivas organizaciones, pero por razones muy diferentes. Melissa demostró gran habilidad al trabajar haciendo muy buen uso de sus fortalezas. Phillip manifestó algunos problemas serios en su núcleo, pero logró superarlos durante la etapa de observación. Un problema que todos experimentamos al examinar el talento y la condición del núcleo de una persona es que su yo real surge solo con el tiempo y bajo estrés. Siempre somos quienes somos si nos dan el tiempo necesario y nos generan el estrés suficiente.

La idea esencial en el desarrollo de este capítulo es que necesitamos ser buenos administradores de los recursos de nuestra organización (tiempo, energía y, a menudo, dinero). Debemos tener la capacidad para evaluar con eficacia y a gran velocidad si es necesario implementar recursos para lograr que cada miembro del equipo esté en línea con la misión, las estrategias, los objetivos y la cultura de la empresa.

El problema con las personas problemáticas es que la empresa tiende a sufrir las consecuencias. Mi abuela solía decir: "Una manzana mala estropea todas las demás". Los expertos en alimentos afirman esta verdad al señalar que una manzana podrida libera sustancias químicas que pudren a las manzanas vecinas. Una persona problemática, especialmente en un rol de liderazgo, tiende a generar una gran decadencia en los activos de la cultura empresarial y en sus valores —por fuertes que estos sean—. En mi ejemplo con Phillip, predije que si él se quedaba en la compañía durante mucho más tiempo, mi amigo hubiera tardado años en recuperar la buena reputación por la cual trabajó tanto.

Es por esto que los miembros de toda organización esperan que sus líderes tomen estas difíciles determinaciones y actúen al respecto. Sin embargo, es frecuente que la credibilidad de un buen líder sufra daños irreparables cuando no actúa de manera decisiva para abordar a las personas problemáticas. Y como resultado de esta no confrontación, los individuos dinámicos dentro de las organizaciones terminan abandonándolas al ver que el tiempo pasa y sus líderes se niegan a llamar a cuentas a este tipo de personas.

¿Cómo hacer estos juicios que tienen un impacto tan enorme en la vida de las personas?

Cuando un empleado trabaja en nuestra organización y muestra un desempeño deficiente, ¿cómo hacemos la distinción entre si se trata de una persona con un problema o de una persona problemática? A menudo, me hago a mí mismo o le hago al líder una serie de preguntas que me parecen útiles para llegar rápidamente a la respuesta correcta.

1. ¿En general, el empleado en cuestión está desempeñando su trabajo con excelencia? "Sí" o "No"

2. ¿Qué tan bien se ajustan sus habilidades, su capacidad y su temperamento a los requisitos del cargo que desempeña? *Gran ajuste / ajuste adecuado / mal ajuste.*

3. ¿Su desempeño deficiente parece temporal, circunstancial o más duradero? Por ejemplo, ¿este empleado necesita adquirir conocimientos técnicos u otras habilidades para desempeñarse bien en su trabajo? ¿Existen circunstancias que justifiquen la caída temporal en su rendimiento, como un padre enfermo que requiera de atención especial? ¿Trabaja bajo una nube de tensión perpetua o parece estar siempre fuera de sincronía con el equipo?

4. ¿En el futuro, cuál es la probabilidad de que este empleado en cuestión pueda desempeñarse bien en su trabajo dentro de un plazo razonable? *Alta probabilidad / baja probabilidad.*

Nos corresponde ser brutalmente honestos para responder a la cuarta pregunta. En el caso de Melissa, hubiéramos podido estructurar su cargo de una manera diferente, pero ese rol improvisado no habría cubierto las necesidades de la empresa. Además, lo que en realidad ella deseaba era encontrar un trabajo más acorde a sus habilidades, a su temperamento y a sus intereses. En el caso de Phillip, mi amigo le dio retroalimentación en muchas ocasiones sin que se notara alguna clase de mejora apreciable.

Los problemas de Phillip estaban demasiado arraigados en su carácter y no había ninguna posibilidad razonable de que él pudiera hacer los cambios necesarios. Por esa razón, se tuvo que ir.

¿A quién debemos dirigir nuestros recursos limitados de desarrollo?

¿Cuáles son los riesgos y las recompensas de ayudar a un empleado con problemas de rendimiento? La siguiente tabla ofrece una manera de evaluar la probabilidad de éxito:

Tipo de problema	Ejemplo de las tres historias	Probabilidad de éxito	Acción necesaria
Estilo	David (Persona con un problema)	Alta a buena si se puede entrenar	Retroalimentación basada en la alianza Coach/Mentor
Competencia	Melissa(Persona con un problema)	Buena a modesta	Entrenamiento en busca de desarrollo si la persona tiene aptitud e interés
Núcleo	Phillip (Persona problemática)	Pobre	Abandonar la organización

Anteriormente, señalé que los verdaderos líderes tienen la capacidad de ejercer una influencia extraordinaria sobre sus seguidores. Ellos pueden ayudarles a desarrollar sus capacidades hasta los más altos niveles. El gran dilema es que no pueden ejercer una influencia extraordinaria sobre todos. Algunos individuos luchan dentro de sí mismos de tal manera que ninguna cantidad de información, ni ninguna retroalimentación basada en la alianza, ni ningunos otros recursos de desarrollo pueden alinearlos dentro de los *límites de la organización* a la que pertenecen. Es cierto que cualquier cantidad importante de recursos podría ayudarles a restaurar su núcleo, pero también es cierto que todo trabajo que implique estrés diario no es el mejor lugar para ponerse bien, sobre todo cuando sus problemas afectan a otros. Nadie es perfecto y es un hecho que todos albergamos una sombra en nuestro núcleo. Por ese motivo, debemos tener compasión con quienes nos rodean, al tiempo que reconocemos que, incluso las organizaciones saludables, también son frágiles. Y cuando se trata de una persona problemática, la compasión debe ir aunada al buen juicio y al valor.

El mayor dilema es que los líderes no pueden ejercer una influencia extraordinaria sobre todos sus subordinados.

¿Cuánta compasión?

No siempre es fácil ayudar a un empleado problemático a abandonar la organización. En ocasiones, los líderes me expresan que las personas con un desempeño deficiente merecen el derecho a crecer y que, en las circunstancias adecuadas, ellas se elevarán a la grandeza del liderazgo como el mítico Fénix. La pregunta que debemos plantearnos es: *¿a qué costo?*

A menudo, las personas problemáticas causan estragos al interior de la organización a la cual pertenecen. La cantidad de energía necesaria para abordar las interrupciones internas causadas por ellas suele ser sorprendente. Algunas organizaciones gastan tanto tiempo y energía emocional tratando de lograr la armonía interna, que comprometen seriamente su capacidad para alcanzar sus objetivos externos y obtener beneficios. Hace poco, una organización que es cliente mía casi perdió a su trabajador estrella, porque no se decidía a tratar con una persona problemática. Desde hacía años, el dolor emocional que ella le causaba a la empresa estaba ameritando su despido.

Algunas organizaciones gastan tanto tiempo y energía emocional tratando de lograr la armonía interna, que comprometen seriamente su capacidad para alcanzar sus objetivos externos y obtener beneficios.

Sé que algunos lectores no estarán de acuerdo con mis opiniones expresadas en los últimos párrafos, debido a que abogan que, con el entrenamiento y estímulo adecuados, incluso una persona problemática logrará superar sus dificultades. Otros lectores que tienen una fuerte fe religiosa sostienen que cualquier persona puede ser redimida y transformada. Si bien en teoría estoy de acuerdo con todos esos puntos de vista, creo que la mayoría de las organizaciones persigue una misión que es muy diferente a la sanación personal de algunos rasgos terriblemente perturbadores y a la corrección de las acciones caprichosas de sus empleados.

Parecería que esta opinión se contradice con el tema de este libro —sacar lo mejor de los demás—, pero el dolor infligido a quienes deben trabajar estrechamente con personas problemáticas, la interrupción de los equipos y la disminución de la salud de la cultura empresarial causados por individuos fundamentalmente insalubres, resultan mucho más valiosos que las necesidades de desarrollo de un solo individuo. Sostengo que ayudar a las personas problemáticas a salir de la organización es, de hecho, un elemento clave para sacar lo mejor de los demás. Si no se elimina, el impacto de una persona problemática puede ser tan tóxico, que los líderes pierden la oportunidad de sacar lo mejor de aquellos que son necesarios para llevar a cabo el trabajo vital de toda organización.

Los líderes son administradores de la salud organizacional. Por lo tanto, el hecho de no prescindir de personas altamente perturbadoras, incluso si ellas logran resultados valiosos para la organización, termina siendo una medida demasiado miope. Permitir las oscuras tensiones y la inestabilidad que causa este tipo de perfiles al interior de un equipo mientras los demás intentan realizar su trabajo de manera concienzuda podría parecer una actitud muy noble para algunos, pero en realidad socava la esperanza, la alegría y el desempeño de todos los afectados. Además, me pregunto si, en algunos casos, la supuesta compasión de algunos líderes no será más bien una excusa a su falta de coraje para abordar el problema directamente.

Resistencia a tratar con personas problemáticas

Es posible que encontremos fuertes vientos en contra al intentar desvincular de la organización a personas problemáticas. Tal vez, ellas posean ciertos atributos considerados vitales. Quizá sus habilidades técnicas sean clave, así como su conocimiento de la industria y sus relaciones en el campo de las ventas, las cuales parecen vitales e insustituibles.

Debido a esto, para tener bases para presentar el caso para despedir a una persona problemática, primero que todo, el líder debe demostrar ser muy consciente del valor que ella tiene para la organización y de los riesgos que conlleva su decisión. Idealmente, debe manifestar su sentido de cálculo de las consecuencias de ese incendio, junto con algún plan para mitigar tales riesgos. Estos pasos sientan las bases para hacer el cambio. Luego, debe alentar a sus contradictores a expresar sus opiniones dentro del entorno adecuado para luego buscar el consenso sobre la acción propuesta.

Cada empleado que sirve en una organización tiene un índice de *valor/precio*. Esta afirmación suena un tanto dura, así que debo aclarar que no lo afirmo desde el punto de vista existencial o espiritual, sino basado en el sentido del valor que tiene la contribución que cada empleado le aporta a la organización y al precio correspondiente de su participación. Ciertamente, la compensación financiera es una consideración, pero lo que es más importante es el hecho de que es innegable que algunos empleados requieren de muy alto mantenimiento (y no me refiero a lo que ellos ordenan para el almuerzo). Por lo general, las personas problemáticas requieren de mucho control de daños derivados de sus acciones hacia los demás. Por todo esto, un CEO que quiera despedir a un empleado problemático deberá estar en capacidad de presentar un caso convincente sobre cómo el precio de conservarlo supera en mucho al valor que este tiene para la organización.

Un enfoque que les he visto aplicar de manera muy efectiva a varios CEOs es que ellos abogan por la partida de ese empleado problemático usando un ejemplo poderoso del daño que él o ella les causan a otras personas. Sé de una organización en el Medio Oeste donde el CEO reveló que el vicepresidente de ventas más exitoso en la historia de la compañía estaba considerando una oferta de trabajo de una de las empresas de la competencia porque, simplemente, no soportaba un solo día más exponiéndose a la toxicidad de uno de los gerentes de mercadeo. Todos sabían que este gerente era muy problemático, pero le aportaba mucho valor a la empresa a través de las redes sociales y de otros canales no tradicionales. Algunos miembros del equipo ejecutivo lo consideraban insustituible. Cuando el director general dejó caer sobre el equipo la bomba de que el vicepresidente de ventas podría dejar su cargo debido a él, cambió el cálculo del índice de valor/precio de aquel gerente de mercadeo.

El equipo entró en estado de frenesí tratando de descubrir la fórmula para recuperar al vicepresidente de ventas, así significara la separación del gerente de mercadeo.

Su renuncia o la mía

La manera definitiva de tratar con una persona problemática es pidiéndole *su carta de renuncia o presentando la nuestra*. A veces, la oposición a la partida de este tipo de personas es intensa. Quizá tanto el CEO como algunos otros miembros del equipo de trabajo están convencidos de que determinada persona debe irse de la organización, mientras que otros miembros están igualmente convencidos de que su valor único hace que esa persona sea esencial para el futuro de la empresa. Siendo realistas, el ultimátum de "*su renuncia o la mía*" solo se puede presentar cuando la mayoría de los miembros está de acuerdo con nosotros. Un CEO de una compañía de construcción de Florida jugó esta carta en una reunión de trabajo con un grupo de gerentes de alto nivel para despedir a un miembro del equipo que era muy popular (pero desleal). Con tal de convencerlos, los puso contra la pared exigiéndoles que eligieran entre su renuncia o la del traidor. Finalmente, la persona problemática fue desvinculada en cuestión de días; sin embargo, el costo de su posición extrema frente a sus opositores tuvo muy alto costo para el CEO. Con el tiempo, aunque ese fue un movimiento de mano dura, él logró reconstruir la confianza de ellos en su criterio, pues él estaba seguro de que mantener a aquel miembro problemático en el equipo era tan perjudicial, que tenía que irse.

En una situación ideal, existe un fuerte consenso en cuanto a ayudar a los empleados problemáticos a abandonar la organización, de modo que nadie se opone a despedirlos. Cuando los líderes manejan con sabiduría la partida de una persona problemática, es frecuente que esa decisión les proporcione gran alivio a los demás. Estoy convencido de que las decisiones que se toman en las altas esferas de la organización están más relacionadas con la construcción de una alineación entre los diversos grupos. Dicha alineación debe construirse de manera que se incluya a los más afectados por tal decisión. Cuando un líder sénior determina que ha llegado el momento oportuno para que una persona problemática siga su camino debe asegurarse de que cuenta con el acuerdo de los demás encargados de la toma de decisiones dentro de la empresa.

La virtud de la redención

La narrativa que se implanta en la psique colectiva de una organización cuando una persona con un problema cambia, crece y se da cuenta de su existencia es de suma importancia para la salud de la cultura de cualquier organización, como en el caso de David. Por cierto, él logró convertirse en un serio candidato a sucesor de su CEO. Las historias redentoras son verdaderamente edificantes.

Ahora nos centraremos en aplicaciones especiales de *Sé un Influencer*. Hasta ahora, la atención ha estado centrada en la aplicación de estos principios al individuo. ¿Cuál es su relevancia al interior de los equipos? Ese es el tema del siguiente capítulo.

Parte 3

Aplicaciones especiales de *Sé un Influencer*

8 Sé un Influencer aplicado a los equipos

Tres palancas para obtener alto rendimiento

Uno de mis amigos más cercanos se sostuvo durante su época universitaria trabajando con un equipo de paisajismo comercial. Un día, Pat y los otros miembros del equipo tuvieron que instalar unas rocas inmensas para darle estética al borde de una acera pavimentada que atravesaba un hermoso parque natural. Unos pocos miembros del equipo, incluido mi amigo, fueron entrenados en el uso de una grúa con el fin de levantar las rocas y colocarlas en los lugares especificados con anterioridad en el plano del paisaje.

El único control en la cabina del cual Pat no sabía su funcionamiento era una palanca roja en el lado derecho del panel de controles. Hasta el día de hoy, Pat no sabe en qué estaba pensando cuando, llevado por el impulso, acercó su mano y tiró de la tal palanca roja. Al instante, las enormes mandíbulas de la grúa se abrieron soltando al suelo una roca de varias toneladas desde, aproximadamente, 10 pies de altura hasta el centro de una acera de asfalto recién pavimentada. ¡Aquello fue un total desastre! ¡Una verdadera destrucción! Parecía que un meteoro gigante se había estrellado desde la superficie lunar. El equipo pasó el resto del día y la mayor parte del tiempo del día siguiente sacando la roca del cráter y reparando el daño.

A pesar de ser un gran colaborador y muy querido por todos, Pat sabía que él era el causante de ese costoso error. Como resultado, ahora tendría que quedarse sin el empleo y abandonar la universidad. Sus sueños para su futuro también habían quedado aplastados. El resto de su vida se dedicaría a hacerse la misma pregunta cientos de veces al día: "¿Cómo pudo pasarme eso?". El viernes por la tarde, mientras hacía la fila para recibir su cheque de pago, se preparó para lo peor. Su jefe le entregó el que él sabía que sería su último sueldo.

Podría haberle dicho: "Usted cometió un error enorme y a la empresa le costó mucho tiempo y dinero trabajar para arreglarlo, así que está despedido". Sin embargo, su mensaje incluyó una afirmación sorprendente: "Su error de ayer fue muy poco característico de su trabajo. Usted es un excelente empleado y valoramos en gran medida el hecho de que pertenezca a nuestro equipo de instalación. Además, la influencia que usted ejerce sobre los otros miembros del equipo es muy positiva. Queremos que permanezca con la empresa. Y por cierto, ¡no vuelva a tirar de esa palanca roja a menos que sepa con exactitud por qué lo está haciendo!". Su jefe le dio palabras de vida.

El lunes por la mañana, cuando el equipo de Pat se reunió para comenzar el día en la oficina, todos querían saber lo que el jefe le dijo el viernes por la tarde. Pat les contó la historia y todos callaron. Por lo general, la reunión estaba llena de bromas, se contaban los juegos del fin de semana, pero esa mañana, fue diferente. Pat había conservado su trabajo, hecho por el cual todos se sintieron bien, pero la benevolencia mostrada hacia Pat impactó al equipo entero. Todos sabían que Pat debió haber sido despedido, pero el hecho de que le perdonaran su error, unió a todo el equipo y produjo un impacto mucho más amplio que el que le hubiera producido a una sola persona. Cuando Pat tiró de la palanca roja, todos recibieron las consecuencias, pero todos se beneficiaron de la bondad manifestada a uno de ellos a través de las palabras de vida del supervisor.

La misión de la empresa de paisajismo donde trabajaba Pat era: "Creamos espacios hermosos que renueven la vida de las personas y preserven el medio ambiente". Ese día, incluso la misión cobró más significado. Aunque se enfrentaron a otro día de arduo trabajo físico, el equipo entero experimentó lo humano del propósito corporativo de su lugar de trabajo. Como resultado, el compromiso del equipo con la misión empresarial se elevó gracias a la afirmación de uno de los miembros del equipo.

Las tres palancas

En nuestra vida, existe una interacción constante entre tres dimensiones: el *yo*, el *nosotros* y el *ello*[1] El *yo* representa nuestras esperanzas, sueños y preocupaciones individuales. El *nosotros* representa las aspiraciones colectivas, los intereses y los conflictos potenciales entre los miembros del grupo. El *ello* expresa nuestro propósito, misión, tarea o búsqueda.

Una palanca podría considerarse como un *gran efecto sobre una pequeña causa*. Pat tiró de una palanca física en la grúa, lo cual generó que un pequeño movimiento de su mano moviera una enorme roca. Para un líder, estas tres dimensiones funcionan como palancas. La atención del líder en los individuos, en el grupo y en la misión genera palancas que él debe saber utilizar para gestionar a su equipo e incluso a la organización entera.

La atención equilibrada al *yo*, al *nosotros* y al *ello* es absolutamente necesaria en el liderazgo saludable de un equipo, de una unidad militar que funcione bien e incluso de una familia. Cuando alguna de estas dimensiones está fuera de balance, las tres dimensiones sufren de alguna manera. Gran parte de este libro aborda todo aquello que un líder debe hacer para transformar a un individuo, al *yo*. Sin embargo, para que un equipo se desempeñe con excelencia, el líder debe tener en cuenta el *yo*, el *nosotros* y el *ello*. En el desarrollo normal del mundo laboral, los equipos oscilan. Para que un grupo se desempeñe al nivel de excelencia, todas estas tres dimensiones requieren de una atención equilibrada. Cuando alguna de las tres es sobre o subestimada, surgen problemas. Y a pesar de las necesidades constantemente cambiantes de un equipo normal, el líder experto sabe cómo aprovechar estas tres dimensiones en aras de restablecer el equilibrio del equipo.

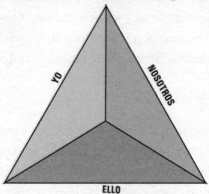

FIGURA 8.1 BAL (TRIÁNGULO)

Uno de los equipos ejecutivos más disfuncionales con los que he trabajado lideraba una empresa de fabricación en el centro de los Estados Unidos. El equipo incluía a uno de los miembros más disruptivos que he conocido en el mundo corporativo. La gente, literalmente, especulaba que él debía tener información incriminatoria sobre algún alto dirigente de la compañía y este se encargaba de protegerlo. Otros miembros del equipo tenían bastante talento en el desempeño de sus funciones y aportaban ideas importantes para hacer crecer la empresa, pero el único individuo que atraía una atención constante y desproporcionada hacia sí mismo era él. Él podía llevar a todo el equipo al abismo de la desesperación más rápido de lo imaginable. Él se adaptaba a la perfección a lo que el gran autor del sur, Joel Chandler Harris, llamaba "bebé de alquitrán". Era imposible tener una conversación sincera, congruente, abierta y directa con este bebé de alquitrán sin que el equipo se atascara. Muchas reuniones terminaron con los miembros sacudiéndose la cabeza en señal de incredulidad, preguntándose cómo en el mundo este hombre mantenía su trabajo. El enfoque excesivo en este individuo altamente disfuncional hacía que fuera imposible experimentar la sinergia del *nosotros* o *equipo colectivo* y el cumplimiento de la misión sufría un efecto espantoso. Era lo que mi abuela llamaría un *desastre*.

En este ejemplo, una atención excesiva se centraba en el miembro disfuncional, hecho que absorbía una cantidad dramática y descomunal de energía y tiempo tanto del líder como del resto de los miembros del equipo. Como resultado de un miembro altamente disfuncional, el equipo se volvió disfuncional, dado que su líder no actuó con la rapidez necesaria, ni con la resolución adecuada para abordar el problema.

Las tres dimensiones de cada miembro del equipo, del equipo en sí y de la misión empresarial son interdependientes y cuando no están en equilibrio, el equipo pierde su estabilidad. Es como un taburete de tres patas con solo una o dos de ellas funcionando. Trabajar en equipo suele ser mucho más difícil de lo que cualquiera piensa, en especial, cuando uno o más de sus miembros llevan consigo una carga emocional de la manera en que lo hacía el individuo disfuncional del ejemplo. A menudo, me sorprende el nivel de rencor y tensión que veo en muchos equipos. Esta es una realidad que impacta incluso a un veterano canoso como yo.

Los grandes líderes saben cómo sacar a la superficie lo mejor de sus equipos manteniendo el equilibrio entre todos y cada uno de los miembros, el equipo en sí y una misión inspiradora. El hecho es que el líder debe saber cómo mantener estas tres dimensiones (el *yo*, el *nosotros* y el *ello*) en equilibrio para ver en acción el poder del trabajo en equipo tan a menudo promocionado. Mediante la atención ágil a cualquier desequilibrio, siempre que sea necesario, el líder necesitará enfocarse en nivelar cualquiera de estas tres dimensiones. La mayoría de los equipos con bajo rendimiento carece de este equilibrio y no hace el debido hincapié en una o en varias de estas dimensiones. ¿Cómo funciona esto?

La individualidad de los miembros del equipo: el *yo*

Podríamos preguntar: "¿Por qué si estamos formando un equipo, las preocupaciones individuales necesitan atención?". En algunas organizaciones, el enfoque dedicado al equipo significa que la atención del *yo* va totalmente en contra del trabajo en equipo, así que me gustaría refutar esa idea.

Advertencia para los lectores: yo no soy un gran fanático de los eslóganes, y mucho menos de aquellos inspiradores que hay en el mercado en forma de afiches, ni de los que están cuidadosamente enmarcados detrás de un vidrio. Debería tener cuidado al afirmarlo, porque muchos de nosotros los hemos comprado para adornar las paredes de nuestro lugar de trabajo, pues se supone que todos estos lemas tan inspiradores nos motivan a trabajar con entusiasmo con nuestros compañeros de equipo y nos instan a someter nuestros intereses personales a un grupo de personas que a veces ni siquiera nos agradan, ni nos inspiran siquiera un ápice de confianza.

Algunos de los que más me molestan son: "En el equipo no existe el '*yo*'".

De hecho, sí *existe* un *yo* en el equipo. Son todos los miembros individuales que lo conforman. Me gusta el tweet de Bill Murray sobre este popular eslogan. "En el equipo no existe el '*yo*'... y sin embargo, sí existe un "*yo*" en el momento de ganar, lograr, prevalecer, triunfar, obtener el primer lugar, recibir una medalla de oro y ser campeón"[2].

Otro lema que me crispa lo nervios es: "Las cosas se hacen más fáciles cuando trabajamos juntos".

Quien haya dicho que "las cosas se hacen más fáciles cuando trabajamos juntos" nunca ha estado en un equipo, ni ha tratado de trabajar con otra persona durante más de una hora. Durante los últimos 30 años que llevo ayudando a cientos de organizaciones, lo que observo por todas partes es que, casi siempre, el trabajo resulta volviéndose increíblemente difícil cuando trabajamos con otros.

El otro es: "Mejor *nosotros* que *yo*".

La mayor parte del entrenamiento en equipo que he dirigido personalmente, así como la mayor parte de lo que he estudiado sobre entrenamiento en equipo, tiene como primera finalidad construir el *nosotros* colectivo entre los miembros de los equipos. Sin embargo, resulta que los individuos también deben desarrollarse de acuerdo a sus necesidades específicas y ser reconocidos por sus contribuciones individuales. Así que centrarse en el *nosotros*, con la exclusión del *yo*, crea un desequilibrio que los líderes deben saber cómo abordar.

Pero dejando a un lado mi cinismo acerca de los lemas de equipo bien intencionados, es un hecho que los líderes deben encontrar formas de reconocer y afirmar a los miembros individuales que componen todo equipo. La compensación, los títulos, el reconocimiento especial y las trayectorias profesionales representan solo algunos ejemplos de acciones a considerar cuando se trata de incentivar a las personas incluso en los equipos más sanos y con mejor funcionamiento. La atención a las personas no significa que haya falta de atención al equipo.

¿Yo primero?

Es erróneo pensar que el hecho de brindarle atención individual a cada miembro del equipo es igual a fomentar una actitud de "yo primero" o narcisismo. Más bien, como individuos, cada uno de nosotros es distintos a los demás. Todos tenemos nuestras propias esperanzas, sueños, planes y aspiraciones que son importantes para nosotros. Todos tenemos opiniones y puntos de vista que nos autodefinen. Tenemos nuestra voz propia y nuestra propia parte de la misión. Como dijo Stephen Jobs: "Todos queremos hacer nuestra propia mella en el universo". Todo líder que ignore las necesidades individuales de los miembros de su equipo estará generando una imposición altamente disruptiva de esas necesidades en el desempeño del equipo.

Por el contrario, la atención excesiva que le prestemos a determinado individuo por cualquiera que sea el motivo, sea positivo o negativo, sí crea desequilibrio dentro del grupo. Los individuos problemáticos, como el que describí antes en este mismo capítulo, drenan la energía y la pasión del equipo, al punto de minar su entusiasmo y generar falta de concentración en el cumplimiento de su tarea o misión. En pocas palabras, el objetivo del *nosotros* y del *ello*, o propósito del equipo, se afecta.

Cada vez que dirijo una sesión de equipo, procuro comenzar con un ejercicio que responda a las necesidades de todos los miembros en cuanto al reconocimiento del *yo*. Al hacer una o dos preguntas sobre sí mismos para que cada uno las responda, el resultado no se hace esperar. Aquí hay algunos ejemplos simples:

¿Dónde creciste?

¿Qué hiciste después de la secundaria?

Compártenos un resumen de 60 segundos sobre los logros más destacados de tu carrera. ¿Cuál sería un hecho interesante pero desconocido acerca de ti?

¿Quién ha sido la persona de mayor influencia en tu vida?

¿Qué harías si te ganaras la lotería?

¿Qué esperas obtener de esta sesión de grupo?

Un ejercicio de calentamiento, como estas preguntas, compromete el *yo* y genera la disposición para atender al *nosotros* y al *ello*.

Otra práctica importante para manejar el comportamiento del *yo* en un ambiente de equipo es explicar cualquier comportamiento inusual. A veces, les señalo a los grupos: "Las distracciones ejercen influencia". Por ejemplo, si un individuo abandona la reunión, todos los demás se preguntan si algo malo está pasando.

En cierta sesión de grupo que dirigí, desde el comienzo uno de los miembros del equipo anunció que su esposa estaba comenzando su labor de parto. "Ella tuvo contracciones falsas hace dos días, pero esta vez puede ser real; de ser así, me enviará un mensaje de texto y tendré que ausentarme; les pido que me disculpen si llega a suceder". Cinco minutos después, salió disparado de la reunión. Todos los presentes entendimos su repentina partida y les deseamos lo mejor a los padres primerizos. El anuncio de su posible salida de la reunión honró al *nosotros* y legitimó el comportamiento no característico de su *yo*.

Efectos de *Sé un Influencer* en el *nosotros*

Para cosechar los beneficios del trabajo en equipo, el líder debe generar un fuerte sentido del *nosotros*. Como cualquier relación duradera, la sinergia potencial de trabajar con otros no se evidencia en forma espontánea. Se requiere de intencionalidad disciplinada para desarrollarla. Para ejercer una influencia extraordinaria en los equipos es necesario que el líder los guíe en lo referente a adquirir las habilidades y procesos necesarios para que sean un gran *nosotros*. Se han escrito muchos libros excelentes sobre el tema de cómo construir un equipo efectivo. Por ejemplo *The Performance Factor*, de MacMillan, y *The Five Dysfunctions of a Team*, de Lencioni.

Como cualquier relación duradera, la sinergia potencial de trabajar con otros no se evidencia en forma espontánea. Se requiere de intencionalidad disciplinada para desarrollarla.

Al igual que con los individuos, los líderes también deben darles a sus equipos afirmación tanto táctica como estratégica. Resulta curioso, pero es un hecho que, rara vez, veo a los jefes animando a los miembros de sus equipos a hacer juntos algo extraordinario. Es una lástima, pues a menudo, grandes ganancias a todo nivel, como mayor productividad o productos de mejor calidad, suelen ser el resultado de los equipos altamente funcionales.

Tal como lo expliqué en capítulos anteriores, normalmente pensamos en el "núcleo" como un atributo individual. Sin embargo, ¡el *nosotros* también tiene un núcleo colectivo que refleja el carácter del equipo! Los equipos también adoptan creencias colectivas que guían su comportamiento.

El núcleo colectivo de los equipos

Con cierta frecuencia, observo que los equipos tienen su autoconcepto y este revela el estado de salud de su *núcleo colectivo*. Algunos equipos tienen confianza en sí mismos y son interdependientes y colaborativos en sus respectivas áreas de funcionamiento. Se enorgullecen de su trabajo en grupo y creen en el poder del buen funcionamiento de su nosotros. Confían el uno en el otro para hacer su trabajo, así como en su integridad. Si bien tienen conflictos, sus desacuerdos conducen a la claridad y no al rencor.

También he conocido equipos con un autoconcepto pésimo. Su confianza mutua es muy baja. Además, cuando los equipos permanecen en conflicto, su progreso es mínimo y sus iniciativas importantes no se concretan. Durante las reuniones, sus miembros revisan sus teléfonos una y otra vez. Hay ojos abiertos y suspiros cuando ciertos miembros hablan. Su asistencia a las reuniones es obligatoria y todos se sienten complacidos cuando la reunión es corta. Este tipo de equipos es tóxico.

Las palabras de vida (influencia estratégica) también son importantes para reafirmar el carácter de un equipo. Las 10 dimensiones descritas en el Capítulo 4 (integridad, valor, humildad, juicio, autenticidad, autorregulación, sabiduría, pureza, resiliencia e influencia) también se aplican al *nosotros*. La forma en que el equipo realiza su trabajo, por ejemplo, ser resiliente frente a diversos contratiempos que ocurren a la vez, es una excelente manera de formar un equipo. Cuando un equipo está sano y funciona bien, el líder debe hablarle palabras de vida al núcleo del equipo. Cuando un equipo es disfuncional, es bastante recomendable darle retroalimentación basada en la alianza. Como comenté en el Capítulo 7, en ocasiones es sabio ayudarles a ciertos miembros a mudarse hacia otros equipos.

A continuación, presento cuatro dimensiones que invitan a la afirmación del *nosotros* con palabras de vida cuando el equipo se desempeña bien:

1. Respeto por los compañeros de equipo. En todas y cada una de las interacciones debe manifestarse respeto mutuo entre los miembros.

2. Apertura y franqueza por parte de todos los miembros. Las agendas ocultas solo estropean la confianza del equipo.

3. Participación emocional y mental. Cuando los miembros del equipo están físicamente presentes, pero emocionalmente ausentes, el espíritu del equipo se evapora.

4. Empatía hacia todos y cada uno de los miembros. Todos deben mostrar tolerancia ante la realidad irreversible de que cada equipo experimenta un aluvión constante de distracciones, intereses en conflicto y problemas provenientes de una variedad de fuentes.

Sé un Influencer en el *ello*: la misión o búsqueda del equipo

Cuando lo planteamos con exactitud y sabemos comunicarlo, el propósito o misión (el *ello*) genera motivación en el equipo. Así es como una gran misión se convierte en una *expedición*. La función del líder debe ser ejercer una influencia extraordinaria y hacer del *ello* una herramienta poderosa, con el potencial de tomar incluso el trabajo o proyecto más superficial y elevar a través de él la autoestima colectiva.

Una gran misión de equipo se convierte en una expedición.

Horst Schulze, el hotelero líder en el mundo, además de fundador del Ritz Carlton, Hotel Company y Capella Hotels, tiene la convicción propia de ser él mismo quien se encarga de los preparativos necesarios para inaugurar todos y cada uno de sus nuevos hoteles. Probablemente, estemos de acuerdo en que la percepción pública clasifica a algunos de los empleos de la industria hotelera como los menos deseables en el mercado; está por ejemplo el de los encargados de la limpieza de las habitaciones. Sin embargo, Schulze insta a su personal a ser el mejor del mundo. Durante la capacitación, él les enfatiza: "Ustedes son damas y caballeros que atienden a damas y caballeros". Y no solo eso, sino que, junto con muchas otras políticas y expectativas de apoyo, ellos están facultados para tomar muchas decisiones con el fin de brindarles una experiencia superior a todos los huéspedes. La misión de Schulze de ser el mejor, apoyado con cientos de otras prácticas de calidad, llevó al Ritz Carlton a recibir el prestigioso premio Malcomb Bald-ridge, no solo una, sino dos veces, hecho por el cual la suya se convirtió en la única compañía en la industria hotelera en lograr tal distinción. Schulze también ha capacitado a siete gerentes de hoteles que hoy se desempeñan como directores de las principales cadenas hoteleras.

La misión de Schulze de ser el mejor en su campo podría describirse más como una *expedición* que movilizó a un ejército de gerentes de hotel, conserjes, profesionales del servicio de comidas, ayudantes de servicio, lavaplatos y encargados de la hostelería, entusiasmados todos por cambiar el mundo del alojamiento pensando en darles lo mejor de sí a los huéspedes más exigentes.

Una gran misión genera en el equipo sentido de propósito, significado, pasión e incluso exigencia. Los líderes que desean brindarles un liderazgo de alto nivel a sus equipos (y organizaciones) transforman la misión en una expedición. El hecho de conectar una tarea aparentemente insignificante con un llamado superior eleva la importancia e incluso la autoestima de quienes la ejecutan. Poner neumáticos nuevos en un automóvil puede ser cuestión de saber cómo manejar una herramienta específica para instalarlos o de cómo mantener a una familia segura a través de ese empleo. Se trata de la misma tarea, pero tener una perspectiva clara conlleva a un nivel más alto de atención, detalle y excelencia.

Una gran misión genera en el equipo sentido de propósito, significado, pasión e incluso exigencia.

Darles significado a las tareas es lo que les proporciona inspiración y energía a los equipos de alto rendimiento. Si a tu equipo le falta pasión, es tu misión averiguar si es que tus empleados están apretándoles las tuercas a las llantas o si su trabajo les está ofreciendo seguridad a sus familias. No importa cuál sea la labor que ellos desempeñen, el hecho es que tú, como gran líder, debes formar en ellos no solo el *porqué* de su misión, sino la importancia de lograrla.

Y lograrla, le brinda al líder enormes oportunidades para reafirmar a su equipo. *Esto requiere de la afirmación táctica del estilo y la competencia del equipo a lo largo de la meta, así como de la afirmación estratégica del núcleo colectivo del equipo en intervalos clave.* Todos queremos ser parte de un equipo ganador. A esto se debe que el logro de una misión se convierta en nuestra máxima afirmación.

El liderazgo exitoso sabe cómo reconstruir el *yo*, el *nosotros* y el *ello* de las organizaciones y los equipos en crisis

A veces, en las organizaciones ocurren tragedias y actos de mala conducta. En distintas ocasiones, me ha sorprendido la noticia de que líderes a quienes estaba asesorando murieron de manera repentina. No hace mucho, una planta química que hacía parte de mi clientela sufrió una gran explosión y durante ella murieron seis personas. En otra empresa, la mala conducta financiera de uno de sus líderes dejó al equipo en estado de negación y entorpecimiento.

A veces, los líderes heredan equipos o incluso organizaciones enteras con traumas o preocupaciones apremiantes que ya venían de tiempo atrás. Los traumas disminuyen la confianza en la medida en que incluso el valor económico de una empresa se ve en peligro, como ocurrió con Enron.

Eric Pillmore se unió a Tyco International como Vicepresidente Sénior justo después de que el FBI acusara al CEO Dennis Kozlowski por robo, sustrayéndole cientos de millones de dólares a Tyco (¿recuerdas la cortina para ducha de $6.000 dólares que compró para su apartamento de Manhattan?). Pillmore asumió el trabajo de restaurar la confianza corporativa de los inversionistas, clientes y empleados de la empresa. En cierta ocasión, tuve la oportunidad de hablar con él y aproveché para preguntarle cómo hizo para lograr restaurar esa confianza. Muchos miles de palabras escritas en artículos y otras publicaciones, así como entrevistas en video, documentan los detalles de la caída y el renacimiento de Tyco. Sin embargo, mi propósito aquí es presentar algunas de las iniciativas que Pillmore y sus colegas implementaron con el fin de afrontar las necesidades inmediatas del *yo*, el *nosotros* y el *ello* del equipo inmediatamente después de la caída de Kozlowski.

Reconstruyendo el *yo* del equipo

En momentos de crisis, nuestra naturaleza humana nos incita a poner nuestros intereses personales por encima de todo lo demás. Nos preguntamos qué sucederá con nosotros, con nuestro trabajo, nuestra reputación y con nuestra familia. Todas estas respuestas requieren de la atención inmediata del *yo*. A este respecto, Pillmore me manifestó que todo el equipo de liderazgo estuvo de acuerdo desde el principio en que era crucial actuar con decisión. No hubo tiempo para estudios y análisis. Doscientos mil empleados y treinta mil líderes —doscientos treinta mil *yos*— necesitaban reafirmación por parte del liderazgo sénior.

Por consiguiente, el equipo de líderes comenzó el proceso de reconstrucción con cientos de municipalidades, hecho que "les dio voz a los empleados individuales". Los líderes se quedaban en estas sesiones durante todo el tiempo que la gente necesitara hacerles preguntas. Al principio, lo único que muchos de ellos querían hacer era desahogarse. "Solo querían que los escucháramos".

Tal como establecimos en páginas anteriores, la vergüenza es una de las emociones humanas más poderosas y corrosivas. Una vergüenza pública, tal como la que causó el CEO de Tyco que delinquió mientras trabajaba en la organización y por tal razón aparecía en televisión, se convirtió en una vergüenza para el *yo* del equipo entero. Un aspecto crucial para comenzar a restablecer organizaciones y equipos heridos es restaurar el orgullo de todos. En un momento dado, Pillmore supo que la restauración de su equipo estaba en marcha cuando uno de sus empleados le preguntó bromeando: "¿Cuándo puedo volver a ponerme mi camiseta de Tyco para cortar el césped?". Además, comentó que "al optar por la iniciativa de trabajar con las municipalidades, los líderes principales éramos considerados unos 'perros', pero, poco a poco, llegó el momento en que 'recibimos ovaciones de pie'". Los municipios, y la franqueza de los líderes que los dirigieron, abrieron la puerta al restablecimiento de la confianza.

Tyco publicó un anuncio en *The Wall Street Journal* en el cual los 13 líderes principales de la organización se comprometían a lo siguiente: "Este mes, Tyco lanzará una campaña publicitaria en los principales periódicos y publicaciones financieras de los Estados Unidos, Europa y Asia". Los anuncios mostraban a los 13 ejecutivos, junto con sus firmas y un titular que decía: "Firmamos porque creemos que Tyco tiene un futuro brillante. También firmamos para mostrar que lo que estamos diciendo va en serio". En esencia, el mensaje transmitía que los líderes se estaban comprometiendo a mantenerse involucrados en la compañía hasta que la crisis se resolviera. Si bien el mensaje del anuncio tenía la intención de tranquilizar a los accionistas y clientes, lo que ellos más esperaban era convencer a sus empleados. Y los convencieron.

El objetivo de los equipos y las organizaciones en crisis es restaurar la confianza de su *yo* grupal generando un vínculo emocional positivo con los *yo* de los miembros que los conforman. El liderazgo visible, la atención adecuada del escepticismo de los miembros lesionados y la voluntad de actuar en respuesta a sus preocupaciones deben ser el sello distintivo de este esfuerzo.

Reconstruyendo el *nosotros* del equipo

Cuando se produce una violación de la confianza, ninguno de los afectados sabe en quién confiar. Crear un marco de seguridad o un círculo de confianza se convierte en lo primordial. El esfuerzo de Tyco por restaurar la confianza de la comunidad incluyó hacer énfasis en aspectos como la *transparencia*. Ciertamente, esta les ayudó a los inversionistas, pero también benefició a todos los empleados, al *nosotros* del equipo. Los líderes principales les comunicaron cuáles fueron los aspectos de todas las irregularidades cometidas, incluida la toga romana de $2 millones de dólares para la celebración del cumpleaños de la esposa de Kozlowski. Cada vez que surgía un nuevo delito, los líderes de la compañía se aseguraban de informárselo a los más afectados.

Pillmore sabía que la compañía necesitaba demostrar su cambio de dirección en cuanto a los estándares éticos, pero también sabía que este esfuerzo requería un cambio de cultura que involucrara a todas las partes interesadas —al *nosotros* colectivo—. A medida que los municipios continuaron trabajando durante varios años en el asunto, Pillmore pasó de abordar las inquietudes del *yo* a las preocupaciones colectivas del *nosotros*. En diciembre de 2002, Governance Metrics, Inc., una firma de calificaciones de responsabilidad corporativa, calificó a Tyco con un puntaje de 1.5 en una escala del 1 al 10 y concluyó que era una de las cinco peores empresas del mundo. Pillmore dejó en claro que los miembros de la compañía debían trabajar juntos creando conciencia y sentido de responsabilidad en toda la organización para abordar los desafíos éticos de Tyco.

Así las cosas, Pillmore observaba que cuanto más llamaba la atención de los empleados para que se involucraran en la causa, más mejoraba el puntaje de la empresa. Los empleados se unieron para hacer los cambios necesarios. Para el 2007, entre 3.800 compañías, Tyco se convirtió en una de las 38 seleccionadas que obtuvieron un puntaje perfecto de 10. El problema no se pudo resolver solo en la oficina corporativa, sino en conjunto con las transacciones que realizaba a diario la gente de Tyco (el *nosotros*).

Reconstruyendo el *ello* del equipo

Cuando una organización o equipo experimenta un trauma, la supervivencia se convierte en la misión primordial a corto plazo, pero los líderes también deben establecer una nueva dirección. El aspecto más urgente del cambio de dirección para una empresa o equipo con mala conducta es la cultura. Esta poderosa herramienta de ajuste de dirección guía la compañía en cuanto a la *forma en que los líderes operan para prevenir una repetición de errores pasados.* En los primeros meses, los líderes principales de Tyco acordaron que, en adelante, todo en la empresa operaría dentro del marco de cuatro valores primordiales: *integridad, excelencia, responsabilidad y trabajo en equipo.* El equipo de liderazgo insistió en que todos los empleados debían exigirles a todos sus líderes que trabajaran dentro de estos valores.

Una prueba importante ocurrió cuando los supervisores del proceso descubrieron a un gerente que malversó $7 millones de dólares durante un período de cinco años y fue arrestado tratando de huir del país. Con la ayuda del fiscal de la empresa, el gerente fue a la cárcel. Otro gerente se quejó de que era responsable del cumplimiento de los objetivos de ventas a los que solo pudo llegar a través de transacciones realizadas en el mercado negro. La revelación de este gerente precipitó una importante revisión de cómo se establecieron los objetivos de ventas y cómo la compañía podría operar con éxito en los mercados blancos.

Pillmore manifestó: "A medida que la compañía se iba recuperando de la crisis, les dimos a los líderes la capacidad de hacerles un reconocimiento a los empleados. Les dábamos premios por una variedad de razones cuando ellos demostraban que ponían en práctica los valores durante el desempeño de su trabajo". Esta y otras afirmaciones infundieron palabras de vida en el alma de la corporación. De todas las grandes compañías que experimentaron importantes compromisos éticos y criminales durante esa era, Tyco fue la única que sobrevivió.

Pillmore señaló que los ingresos de Tyco nunca disminuyeron desde el día de la crisis. Por el contrario, continuaron aumentando y "tres años después del cambio, generamos cerca de $5.000 millones de dólares en efectivo —y solo $500 millones durante el año de la crisis". Fue evidente que Pillmore y sus colegas en cargos de liderazgo sénior supieron sacar a relucir lo mejor de su organización.

Conclusión

Ya sea en una condición estable o respondiendo a una crisis incapacitante, los grandes líderes saben cómo responder a las necesidades del *yo*, el nosotros y el ello de sus equipos y los mantienen en equilibrio. Además, les inyectan palabras de vida, como en el caso de Tyco. Sin duda, las organizaciones establecidas durante largos años saben muy bien cómo implementar todo esto.

9 Motivando altos potenciales

Cuatro transformaciones para influir extraordinariamente y obtener los mejores resultados

Mi esposa y yo lo llamamos San Ted. Nos sentimos inmensamente agradecidos de que él haya intervenido en la vida de nuestro hijo mayor durante un período de desarrollo crucial para él. Estábamos convencidos de que Jim tenía un enorme potencial para lograr metas muy altas en su vida e hicimos todo lo posible para ayudarle a desarrollarlo. Sin embargo, hay algunas cosas que incluso los padres más bien intencionados no podemos hacer por nuestros hijos y, en esos momentos, todos oramos pidiendo que un importante modelo a seguir entre en escena y les ayude a atravesar con éxito esa vital transición.

San Ted fue la respuesta a nuestras oraciones.

Cada año, el Sr. Benning elegía a un par de jóvenes para trabajar en su compañía de construcción, la cual cuenta con gran prestigio. Una noche, durante el receso de Navidad del primer año de universidad de Jim, el Sr. Benning lo llamó y le hizo la tan codiciada invitación de trabajar para él durante el verano siguiente, después de completar su primer año de estudios universitarios.

Jim aprovechó la oportunidad y esperó a que llegara el verano para ponerse casco y botas, y trabajar con gente mayor que él y con capacidades geniales en la construcción de impresionantes estructuras comerciales.

Algunos rasgos vitales de la vida son mejor cuando uno mismo los adquiere, que cuando alguien intenta enseñárnoslos. La resiliencia emocional es uno de esos. Entender la definición que aparece en el diccionario no sirve de mucho cuando se trata de construir esa cualidad tan vitalmente necesaria para llevar una vida exitosa. Anne y yo estábamos orgullosos de todo lo que Jim había logrado hasta la fecha y creíamos que su trayectoria era sólida, pero también sabíamos que nuevos y más complejos desafíos lo estaban esperando a la vuelta de la esquina. No había manera de que Jim pudiera prever cuánta resiliencia necesitaría para ser efectivo en el exigente mundo de los negocios, y como esposo y padre. Nuestra única esperanza era que las grandes adversidades que enfrentaría ocurrieran en lapsos lo suficientemente cortos como para que él aprendiera a recuperarse sin desanimarse, ni teniendo que privarse de sus derechos, como lo hacen muchos hombres jóvenes en nuestra sociedad.

El Sr. Benning creía que parte de su misión en la vida era usar su compañía para desarrollar la capacidad de resiliencia en hombres jóvenes que a veces dejan escapar las buenas oportunidades que se les presentan debido a la comodidad con que muchos de ellos crecen hoy en día.

Jim se presentó a trabajar con sus nuevas botas, listo para construir un edificio. El Sr. Benning quería que, primero que todo, Jim obtuviera alguna experiencia adicional en el departamento de "trabajar con sus manos". Junto a la oficina, se extendía hacia el horizonte un campo enorme. Estaba tan lleno de maleza alta que no podía verse a través de él. El primer trabajo del Sr. Benning para Jim fue limpiar toda esa maleza con una hoz, —tarea que le tomó casi dos semanas—. El primer día, Jim llegó de su trabajo tan sucio y enojado, que estaba fuera de sí. De inmediato, hizo planes para dejarlo y obtener el que pensó que sería un mejor trabajo. Por fortuna, al día siguiente regresó a trabajar con el Sr. Benning. Después de dos semanas de eliminar toda la maleza, Jim estaba listo para recibir su casco con el logotipo de la empresa y ejercer su verdadera labor.

Sin embargo, el Sr. Benning sentía que Jim todavía necesitaba desarrollar otras habilidades antes de ascender en la escala corporativa. Jim pasó las siguientes dos semanas usando un raspador de mano para quitarle la pintura descascarada a un edificio de almacenamiento galvanizado. Parecía volver a casa cada día más sucio y cansado que el día anterior. Me recordaba a la primera película de Karate Kid en la que el Sr. Miyagi requería que Daniel realizara una serie interminable de tareas físicas superficiales antes de que lo entrenara para luchar.

Todos los viernes, el Sr. Benning le pedía a Jim que pasara en la tarde por su oficina para darle un informe acerca de su progreso. Durante estas charlas, el Sr. Benning también le hablaba sobre la vida, el trabajo, la fe y otros temas que él consideraba importantes para construir una vida significativa y exitosa. A veces, Jim nos hacía el resumen de lo que el Sr. Benning le decía y más tarde Anne y yo celebrábamos en privado lo que Jim estaba aprendiendo. Una pregunta particularmente profunda que el Sr. Benning le planteaba a Jim cada viernes sobre su trabajo era: "¿Es esto lo mejor que puedes hacer?". Jim la interpretaba no como una crítica, ni como si la calidad de su trabajo fuera pobre. Más bien, la tomaba como un desafío para medirse siempre con respecto a los más altos estándares.

El cuarto viernes, después de un mes de agotador trabajo manual, Jim se graduó y el Sr. Benning le dio el casco oficial de la compañía. El lunes por la mañana, debía presentarse en un sitio de trabajo local, y "Goat" sería su supervisor. La sonrisa de Jim lo decía todo cuando llegó a casa.

Ahora, ya trabajaría y compartiría con verdaderos constructores en un sitio de construcción real. Además, recibió un pequeño aumento en su salario por hora.

En ese momento, Jim todavía no sabía que el chico nuevo es quien debe hacer el trabajo que nadie más quiere hacer, como sacar a punta de garlancha la gravilla que quede suelta del borde de los andenes y raspar el cemento seco de los lugares donde haya quedado salpicado. Jim también aprendió la importancia del nombre de su supervisor —"Goat" no era un tipo de enorme sensibilidad interpersonal. La piel de Jim se volvía cada vez más gruesa con el paso de los días.

Durante las vacaciones de verano, vimos emerger gradualmente una hermosa cualidad en la vida de Jim —la capacidad de resiliencia—, la habilidad para resurgir de la decepción o la adversidad. Ninguno de nosotros sabía en ese momento cuánto necesitaría Jim de la capacidad de resiliencia y de otros atributos esenciales.

Otro beneficio del trabajo de su verano incluía trabajar con tipos que no habían ido, ni nunca irían a la universidad. Y además, debía aprender a respetarlos. Muy posiblemente, ellos no tuvieron chance de entender los detalles de las leyes de la física, pero usaban sus principios todos los días para levantar construcciones de calidad. También trabajaban duro en circunstancias menos que ideales —calor, humedad, polvo y peligro—. La gran ironía es que ahora Jim trabaja como promotor inmobiliario y construye edificios comerciales, y cuando habla con los chicos del equipo de construcción, entiende su mundo y ellos lo respetan por la autenticidad de sus antecedentes.

La mejor parte del verano continuó —las charlas de los viernes por la tarde con el Sr. Benning—. A medida que se preparaba para regresar a la universidad, Jim había madurado y el nuevo año escolar así lo demostró. Al comienzo, obtuvo un empleo en el equipo de fútbol. Sus calificaciones subieron y siguió adquiriendo madurez y mayor profundidad en su forma de pensar. Las distracciones que lo persiguieron durante su primer año ya no tenían tal influencia sobre su vida. La enorme diferencia que marcó el Sr. Benning para ayudar a Jim a desarrollarse es la razón por la cual lo llamamos San Ted.

Una gran prueba para los líderes

Una de las grandes pruebas en el ejercicio del liderazgo es formar líderes. Los líderes en calidad de sénior de la mayoría de las organizaciones a las que he servido a lo largo de los años saben que cierto subconjunto de sus trabajadores es más talentoso, inteligente, astuto, esforzado y con más tacto que otros en el manejo de las personas. Y no es que esos otros no le aporten una contribución significativa a la misión de la organización, sino que algunos, simplemente, se destacan. Es por esto que existe la firme convicción de que los líderes expertos deben invertir tiempo, energía y dinero extra marcando la diferencia para que aquellos con capacidades de liderazgo también logren destacarse y lleguen a ser exitosos. El enigma es qué hacer de manera diferente con ellos, por ellos y para ellos.

Muchas organizaciones se refieren a estos individuos como *empleados/líderes* de alto *potencial* o *HiPos*. Como regla general, se considera que ellos pueden ser promovidos por lo menos dos niveles por encima de su posición actual en un período más corto de lo normal. La opinión generalizada es que a los HiPos se les debe dar un conjunto enriquecido o de mayor octanaje de experiencias de trabajo y recursos de desarrollo o capacitación con el fin de prepararlos para posiciones de mayor envergadura. Si bien no hay garantías de que invertir en ellos genere dividendos seguros para la organización, el hecho de prestarles especial atención a estos miembros dotados construye un flujo de talentos de liderazgo vitales para la supervivencia empresarial. Mantener y aumentar el talento del liderazgo constituye una fuerte necesidad que la mayoría de las organizaciones ve como irrefutable. El otro argumento convincente para desarrollar líderes jóvenes con alto potencial es que ellos son riesgos de retención significativos. En otras palabras, es innegable que los HiPos reciben más propuestas laborales de otras empresas reclutadoras y, cuando se les proporciona un flujo constante de oportunidades de desarrollo, tales perspectivas les brindan múltiples razones de fuerza mayor para aceptarlas.

La pregunta que plantea este capítulo es cómo ejercer una influencia extraordinaria en estos individuos con talento innato para sacar a relucir lo mejor de ellos. Hace años, realicé una investigación y les pregunté a los directores ejecutivos de algunas grandes empresas: "¿Cuál fue la experiencia de desarrollo más importante que tuvo usted en el camino a convertirse en director ejecutivo?". Según sus respuestas, mi percepción fue que los CEOs le dieron gran valor a su MBA y a su amplia formación académica y laboral, pero en lo que todos sí estuvieron de acuerdo por unanimidad fue en la importancia de su experiencia en los distintos cargos que habían desempeñado hasta el momento. El desafío del trabajo en sí era importante. Sin embargo, lo que realmente hizo que su experiencia laboral fuera significativa fue el jefe que cada uno de ellos tuvo en cada trabajo —es decir ¡la influencia extraordinaria y única que ejerce un jefe que se preocupaba por el desarrollo y crecimiento de los miembros de su equipo de trabajo!—. Este capítulo plantea lo que debemos hacer para hacer resplandecer lo mejor de aquellas personas especialmente dotadas sobre las cuales tenemos influencia.

Cuatro acciones transformadoras para hacer brillar lo mejor de los HiPos

Además de adquirir las habilidades técnicas necesarias, debemos ejecutar cuatro acciones que contribuyen a acelerar el desarrollo de nuestros HiPos.

1. Afirmar su estilo y competencia, pero especialmente su núcleo

- Basados en investigaciones científicas, los numerosos beneficios de la afirmación son un combustible de alto octanaje para afirmar a los HiPos. Por tal razón, asegúrate de afirmarlos cada vez que la situación lo amerite. En "Razones poderosas para afirmar a tus HiPos" encontrarás la lista detallada de dichos beneficios. Se trata de un conjunto extraordinario de cualidades a tener en cuenta con respecto a los aspirantes a líderes.

- Dales a tus HiPos palabras de vida, como está descrito en el Capítulo 4.

- Bríndales retroalimentación frecuente basada en la alianza y asegúrate de conectarla con las aspiraciones personales de tus HiPos —teniendo en cuenta sus esperanzas y sueños.

Fomenta la autoafirmación. No estoy sugiriendo que promovamos el narcisismo, ni la vanagloria, pero los beneficios de la autoafirmación positiva son considerables, como veremos a continuación. Fomentamos la autoafirmación haciendo cuestionamientos como: "Dime qué sientes que hiciste bien en la reunión de hoy".

Razones poderosas para afirmar a tus HiPos

Diversas investigaciones sobre el cerebro sugieren una serie de beneficios únicos como resultado de afirmar a los HiPos[1]. Aunque estos beneficios pueden manifestarse en cualquier persona, los líderes expertos deben tratar de asegurarse de que sus HiPos reciban una dieta enriquecida de afirmaciones que:

- Promuevan su bienestar sicológico y mental, y que hagan que su trabajo actual sea más significativo[2].

- Evoquen calma y emociones positivas[3].

- En combinación con una mayor actividad del sistema nervioso parasimpático, las emociones positivas (por inferencia) se asocian con hormonas que fomentan la confianza y el apego y mejoran el bienestar[4].

- Fomenten el bienestar físico, incluida la salud inmunológica, la salud cardiovascular y el equilibrio hormonal[5].

- Generen mejores relaciones interpersonales[6].

- Produzcan resultados de trabajo positivos tales como una participación más activa en el proceso de trabajo, comunicación interpersonal más efectiva y mayor satisfacción profesional[7].

- Fomenten la apertura a nuevas ideas[8, 9,10].

- Promuevan la autoestima positiva y la confianza en sí mismos, siendo este un atributo esencial en el éxito ejecutivo[11].

- Reduzcan el estrés y mejoren el pensamiento cognitivo superior y la resolución de problemas[12, 13,14].

- Logren que ellos sean más persistentes y aumenten su autocontrol durante una tarea tediosa, lo cual los hace más eficientes[15].

- Fomenten una mayor apertura hacia sus opositores a la hora de un argumento, así como más objetividad cuando se trata de escuchar argumentos que van en contra de sus propias creencias y una mejor capacidad para lidiar con argumentos desafiantes[16, 17].

- Hagan que ellos tengan más probabilidades de aceptar comentarios sobre conductas negativas tales como malas decisiones de salud[18].

- Aumenten su autoestima y, por inferencia, su confianza en sí mismos[19].

- Generen menor susceptibilidad hacia los efectos nocivos del estrés.[20, 21,22]

2. Alentarlos a construir y proteger activamente su núcleo

Un antiguo rey dijo: "Protege tu núcleo, porque este determina el curso de tu vida"[23]. Aunque un líder posee muchos atributos para tener éxito, yo creo con cada fibra de mi ser que un núcleo fuerte es el elemento más importante de un liderazgo exitoso. La condición de nuestro núcleo determina el curso de nuestra vida en general, y nuestra efectividad como líder, en particular.

En los últimos 10 años, he estado estudiando a líderes que han llegado a convertirse en motivo de orgullo y admiración, así como a algunos que, por el contrario, tomaron el camino de la destrucción personal. En la mayoría de los casos, un núcleo fuerte es el diferenciador entre quienes logran construir un gran legado y quienes terminan en fracasos cataclísmicos —como aquellos que fueron despedidos de su organización debido a los resultados producidos por el resquebrajamiento de su núcleo—. Queriendo obtener más detalles sobre el tema del descarrilamiento de los líderes, me documenté y escribí uno de mis libros anteriores[24] con respecto a seis CEOs cuyas juntas los despidieron debido a que comprometieron su núcleo.

Los riesgos de descarrilamiento son mayores para los dotados.

En mi observación, las etapas de descarrilamiento son predecibles. Identificarlas y saber cómo protegernos de las fuerzas que nos impulsan hacia el abismo en cada una de ellas es especialmente crucial para los líderes de alto potencial. Ellos también necesitan conocerlas y tenerlas en cuenta, ya que *los riesgos de descarrilamiento son mayores para los dotados.* Son cinco:

Etapa 1: La falta de autoconciencia. Este es el común denominador entre los líderes descarrilados. Cuando carecemos de autoconciencia, este hecho se refleja en nuestra falta de reconocimiento, análisis y regulación de las fuerzas que operan dentro de nosotros. Los líderes de alto potencial deben cultivar las habilidades para conocerse a sí mismos y autogobernarse en los momentos de impulsos.

La introspección frecuente e intencional, en conjunto con un autoexamen honesto, son medios vitales para desarrollar autoconciencia. La mayoría de los CEOs exitosos que conozco lleva un diario, toma notas a lo largo del día y luego reflexiona sobre el manejo que le dio a sus eventos diarios con el fin de detectar sus puntos ciegos. Incluso a veces, muchos de ellos se llenan de valor y se atreven a descender por las escaleras que los conducen hasta el sótano de sus motivaciones más oscuras.

Los HiPos deberían disfrutar de las retroalimentaciones que les brindan sus líderes más experimentados. Deberían usarlas para calibrar cómo se están desempeñando frente a las expectativas que hay acerca de su desempeño profesional y personal. Deberían buscarlos y solicitarles observaciones francas que les ayuden a mejorar.

Etapa 2: La arrogancia. Por definición, los HiPos conducen por la vía rápida. A menudo, el poder, la posición, el estatus, la fama, la influencia, el dinero y el éxito les llegan antes y en mayor cantidad que a los demás. A nivel individual, y más que todo, colectivo, estos son aspectos cuyo potencial tiende a generar arrogancia. *La arrogancia es la madre de todos los descarrilamientos.* Después de grandes victorias en el campo de batalla, los generales romanos entraban triunfalmente a Roma en medio de multitud de celebrantes. Un esclavo acompañaba a cada general en su carruaje y el que iba con el general victorioso era el encargado de susurrarle una y otra vez al oído: "La fama es fugaz".

Los HiPos deben mantenerse con los pies bien puestos sobre la tierra frente al éxito. Es necesario recordarles una y otra vez que *la humildad es la madre de todas las protecciones*. Un director ejecutivo afirmó que, cualquiera en su organización que tomara demasiado crédito por los resultados y no reconociera las contribuciones del equipo, "era rápidamente excluido por los demás miembros".

La arrogancia es la madre de todos los descarrilamientos. La humildad es la madre de todas las protecciones.

Etapa 3: Las señales de advertencia perdidas. Un ejecutivo de alto rango que entrevisté en una importante compañía de los Estados Unidos comentó: "Me preocupa quedar atrapado en mi propia importancia y dejar de hacer lo que debería estar haciendo para dirigir mi empresa y servirles a los miembros de mi equipo. Fácilmente, podría despertarme una mañana y descubrir que anduve ciego por un camino que me llevó hacia mi propia destrucción". Esta declaración refleja un reconocimiento profundo y admirable de las vulnerabilidades a las que se enfrentan los emprendedores exitosos.

La mayoría de los ejecutivos que se ha descarrilado recibió muchas señales de advertencia que ellos decidieron ignorar a lo largo del camino. El descarrilamiento rara vez ocurre debido a un solo evento cataclísmico, sino más bien como consecuencia de una sucesión de pequeños eventos ocurridos con el paso del tiempo. Un evento calamitoso puede desencadenar un descarrilamiento, pero, por lo general, ya venía ocurriendo desde mucho antes de la estrellada final. Si preparamos líderes de alto potencial, debemos brindarles retroalimentación en periodos muy cortos. De lo contrario, tendríamos que interpretar señales sutiles al interior de la organización que se perderían con el transcurso del tiempo.

Con frecuencia, el nivel ejecutivo opera a través de un conjunto de reglas no escritas. Un mentor bien enfocado debe saber guiar a sus HiPos para que ellos aprendan a prestarles atención a las señales y se opongan a las reglas opacas que existen en muchas organizaciones.

El descarrilamiento rara vez ocurre debido a un solo evento cataclísmico, sino más bien como consecuencia de una sucesión de pequeños eventos ocurridos con el paso del tiempo.

Etapa 4: La racionalización. Me gusta pensar que racionalizar es el acto de decir mentiras racionales. Ocasionalmente, nos decimos falsedades a nosotros mismos y estas mentiras que suenan racionales se alojan en nuestro núcleo como creencias. Como dijimos en el Capítulo 4, estas creencias guían nuestras acciones.

Hay algunas mentiras hacia las que los HiPos son bastante susceptibles —mentiras que los líderes aman—. Aquí están algunos ejemplos:

1. Soy la persona más inteligente aquí y ahora.

2. No estoy sujeto a las reglas que rigen a la mayoría de las personas.

3. Soy insustituible.

4. Le aporto el mayor valor a este proyecto.

Si estas cuatro y muchas otras racionalizaciones se arraigan en nuestro núcleo, es solo cuestión de tiempo antes de emprender el terrible camino del descenso. Estamos tomando el turno #1 rumbo al fracaso. Este tipo de creencias destila arrogancia. Causa exceso de confianza. Hace que quienes las poseen sean despectivos o irrespetuosos con aquellos que ellos ven como empleados intelectualmente inferiores o de menor valor para la organización. La segunda racionalización llevó a Dennis Kozlowski, de Tyco, a su catastrófica caída.

Etapa 5: El descarrilamiento. De esta etapa podría decirse que es la que constituye el punto de no retorno. Una vez que un líder se involucra en gran medida en esta racionalización, parece surgir un muro impenetrable. Su lógica y la claridad moral se vuelven irrelevantes. Recientemente, vi una entrevista de hace varios años de *60 minutos*, durante la cual Mike Wallace habló con Dennis Kozlowski en su prisión. De lo único que Kozlowski habló fue de las razones por las cuales el jurado lo declaró culpable. Y según él, ante todo, fueron erróneas. Luego, intentó explicar por qué se justificaban esos cientos de millones de dólares en "compensación" que el consejo de administración no aprobó, — una muestra verdaderamente deslumbrante de la racionalización que él estaba haciendo acerca de su propio descarrilamiento.

Los HiPos tienen los mismos trasfondos y las mismas credenciales que los líderes que se descarrilan. Como mentores de HiPos, es crucial señalar que los líderes que se descarrilan no son muy diferentes a nosotros en muchos aspectos. En su mayor parte, ellos crecieron en familias razonablemente normales. Fueron a la universidad y después a la escuela de negocios para obtener un MBA y ascendieron en la escala corporativa. Luego, la riqueza, la fama o el poder, o cualquier combinación de estos tres elementos, erosionaron su núcleo. Los muros protectores ya no los resguardaban de la arrogancia, ni de la racionalización. En ocasiones, una persona que ha sido correcta y comienza a actuar dejándose llevar de racionalizaciones erróneas, también podría comenzar a deslizarse por las etapas del descarrilamiento.

Las historias de la mayoría de los líderes que se descarrilan no llegan a la portada del *The Wall Street Journal*. Por el contrario, su descarrilamiento ocurrió en medio del silencio y sin ninguna fanfarria. Por lo tanto, cualquiera con capacidades de liderazgo promisorias también podría llegar a conducirse en medio de las sombras de la desgracia.

El papel más importante que desempeña el líder experimentado en cuanto a formar líderes prometedores y talentosos es ayudarles a darle extrema prioridad a la protección de su núcleo. Y para lograr este objetivo, el primero que debe haber cultivado un núcleo fortalecido es el líder mentor, puesto que, para hablarles con la verdad a otros, junto con palabras de vida, se requiere que él lidere desde un núcleo sano y energizante. De lo contrario, la hipocresía y la falta de autenticidad del mentor torpedean cualquier oportunidad de ejercer una extraordinaria influencia en la vida de los líderes en formación.

3. Instar a los HiPos a liderar desde la influencia y no desde la posición de poder

Cuando me reúno con los CEOs, ¡a menudo les digo que la posición de poder está sobrevalorada! Después de publicar uno de mis libros anteriores, llamé a un amigo que era CEO de una gran compañía de productos de consumo y le pedí que me ayudara a llevar mi nuevo libro a sus tiendas. Para mí, él era un modelo excepcional de gran liderazgo y pensé que, con seguridad, él sería capaz de hacer que esto sucediera con una simple llamada telefónica.

Su respuesta me sorprendió. Primero, me dijo: "Honestamente, no sé cómo funciona ese proceso por el cual un libro es aprobado para hacer parte del inventario de ventas de nuestras tiendas". Segundo, adujo: "Si llamara a la jefa de ese departamento, ella sería muy respetuosa conmigo, pero me diría algo como: 'Apreciamos mucho su interés en traer excelentes libros a nuestras tiendas. Al parecer, usted tiene un buen candidato para poner en consideración. A nuestros libros les va bien porque tenemos un proceso que incluye en nuestros estantes justo los libros que nuestros clientes quieren'. Mi amigo me explicó que esta era una manera muy educada de decir: "Haga usted su trabajo y nosotros haremos el nuestro". Ambos nos reímos y él agregó: "Por cierto, si le digo que quiero que tu libro esté en las tiendas, no importa qué, ella lo hará, pero tu libro estará condenado desde el principio. Se resentirán con mi ejercicio de poder y se asegurarán de que no obtenga la ubicación adecuada dentro de la librería para que tenga éxito".

Con mucho cuidado, los líderes deben colocar a los HiPos en posiciones que requieran que ellos aprendan a liderar por influencia y no por medio de una posición de poder. Cuando mi hijo menor terminó la escuela de negocios y aceptó su primer trabajo civil después de dejar la Marina de los Estados Unidos, su compañía lo colocó en un cargo que pensé que era brillante. Mientras estaba en la Marina, él estuvo al mando de una unidad con 40 marineros. El Ejército, por supuesto, hace hincapié en la posición de poder por razones comprensibles, aunque he escuchado de expertos que incluso el Ejército siente que muchas unidades, como operadores especiales, resaltan las formas jerárquicas de liderazgo.

El caso es que, cuando él aceptó su primer cargo en una gran corporación, la gerencia le asignó la responsabilidad de pérdidas y ganancias de una gran unidad de negocios que abarcaba América del Norte. Le encargaron la coordinación de cinco funciones diferentes. Sin embargo, nadie se lo informó a él directamente. Necesitaba de la cooperación de una gran variedad de personas en diversas funciones, pero sin autoridad formal para dirigirlas. La estructura lo obligó a liderar a través de la influencia, la colaboración y la alineación con la misión, los valores, los objetivos y la cultura de la organización.

Después de cuatro años en esta posición, fue promovido a un rol administrativo que incluía informes directos, pero había aprendido una lección vital. Es mucho mejor conducir a través de la influencia, que desde una posición de poder.

Aprendió a liderar con influencia porque no tenía otra forma de poder disponible. Aunque técnicamente ahora tiene una posición de poder, mi hijo elige usarla con moderación, porque algunos líderes muy sabios en su compañía le inculcaron la importancia de liderar a través de la influencia.

Queremos guiar a nuestros HiPos hacia el liderazgo por influencia debido a una razón primordial: que este enfoque los lleva a adoptar niveles más altos de compromiso con la misión, las estrategias y los objetivos. Y además, genera en ellos sentido de pertenencia, razón por la cual, sus seguidores también se apropian de los resultados.

4. Ayudar a los HiPos a desarrollar audacia

Nuestra afirmación hacia alguien a quien le servimos como mentor es altamente efectiva para su transformación, sobre todo, cuando nos dirigimos a su núcleo con palabras de vida. En particular, queremos fomentar el desarrollo de la audacia, un atributo vital para los roles de la alta gerencia.

Hace poco, un líder influyente me llamó para confesarme que, hasta el día de hoy, él lamenta no haber actuado en una junta de una empresa estadounidense altamente visible y poderosa. El CEO de aquella compañía estaba teniendo un romance con su asistente ejecutiva, pero estaba casado, tenía dos hijos en la universidad y un hijo aún en casa.

Era un CEO bastante respetado en el gremio. Las ganancias de la compañía eran consistentemente buenas y, por tal razón, era una de las favoritas de Wall Street.

Varios miembros de la junta hablaron en privado con él, ya que, con frecuencia, su asistente viajaba con él en el avión de la compañía sin ninguna razón laboral obvia, pero él aseguraba que no estaba pasando nada indebido entre ellos a pesar de los rumores y de constantes insinuaciones.

La situación llegó a tal punto, que el tema tuvo que ser abordado en medio de una reunión bastante tensionada de la junta directiva en la que, finalmente, el manifestó: "Bien, renuncio" y se salió de la sala de juntas. Los presentes permanecieron en silencio hasta que uno de ellos dijo: "Tenemos que traerlo de nuevo y calmarlo. Puede que como ser humano esté equivocado, pero necesitamos su liderazgo".

Dos años más tarde, las ganancias se fueron a pique y la moral de la compañía sucumbió a un mínimo histórico. El CEO renunció después de que un destacado medio de comunicación anunció en las noticas la historia de su romance, junto con la confusión generada al interior de la organización.

El líder con quien yo hablaba prosiguió su relato: "No tuve el valor en esa reunión de la junta directiva para decir lo que muchos de nosotros sentíamos". Debería haber dicho: "Bueno, aceptamos su renuncia".

Cuando le pregunté por qué no había hablado, me dijo: "Tuve miedo". "¿De qué?", le pregunté.

"De ser excluido o retirado de la junta. Sabía que, si me iba en su contra, él tenía el poder suficiente para pedir mi renuncia y nadie vendría a rescatarme. Supongo que valoré más el prestigio de ser parte de la junta directiva de esta conocida compañía... y además, los honorarios que yo recibía eran significativos".

Ninguno queremos ser eliminados de la manada y nuestra necesidad de aceptación es una de las fuerzas más poderosas del planeta. Luchamos y nos cuestionamos y damos vueltas para un lado y otro preocupándonos por lo que debemos hacer, aunque en el fondo lo sepamos.

Por la naturaleza misma del trabajo, los líderes deben asumir riesgos, sin embargo, como en esta historia, muchos factores desalientan la toma de riesgos. G. K. Chesterton afirmó: "La paradoja del coraje es que debamos ser un poco desprendidos, incluso con respecto a nuestra propia vida, para poder mantenerlo"[25]. En páginas anteriores, discutimos sobre cómo ciertas partes de nuestro cerebro prefieren la seguridad y el trabajo para evitar riesgos. La palabra *alentar* se deriva de la palabra francesa *encoragier*, que significa darle aliento y coraje a otra persona[26]. Nuestros HiPos no alcanzarán su potencial si no desarrollan coraje. Para formar grandes líderes, debemos alentarlos. Y las palabras de vida son el mejor *aliento* que podemos brindarles a todos aquellos que estamos formando.

Bien sea que se trate de un ejecutivo de quien creemos que tiene el potencial necesario para llegar a una posición de gran influencia, de un estudiante dotado o de un atleta con gran potencial, es nuestro privilegio ayudarles a alcanzar su potencial. ¡Debemos ejercer una influencia extraordinaria para sacar a flote lo mejor de ellos!

Ahora, dirijamos nuestra atención hacia un gran problema en el mundo corporativo y también en otros campos. El Capítulo 10 examina cómo podemos sacar lo mejor de los demás a través de medios más formales de retroalimentación, como la temida revisión anual del desempeño. ¡Debe haber una mejor manera de hacerla!

10 Evaluaciones de desempeño que conducen a una influencia extraordinaria

Cómo una empresa famosa desechó su sistema tradicional de evaluación de desempeño y su nuevo proceso está cosechando grandes ganancias

no de nuestros clientes le solicitó a uno de mis colegas que se reuniera con un alto CEO de su empresa que venía siendo objeto de numerosas quejas a lo largo de los años. Su valor era enorme debido a su amplio conocimiento de la industria y a sus magníficas habilidades técnicas. La pérdida de sus contribuciones al negocio produciría un tremendo revés en cuanto a ventaja competitiva. Así que, en busca de soluciones, mi colega propuso plantearle al CEO la posibilidad de realizar junto con él un ejercicio conocido como Evaluación 360 —que también se conoce como retroalimentación de varios evaluadores—. A pesar de muchos fracasos anteriores para ayudarle a este talentoso ejecutivo a cambiar su comportamiento, la profunda esperanza de la administración era que hacer esta evaluación con efecto espejo con base en la retroalimentación anónima de sus colegas, junto con los informes directos, debilitarían la dureza de su caparazón y lo motivarían a hacer los cambios necesarios en cuanto a su forma de relacionarse con los demás. Y aunque todos estaban de acuerdo en que él nunca sería un bastión de calidez interpersonal en sus relaciones comerciales, sí esperaban que se dispusiera a evitar por completo su trato denigrante hacia quienes no poseían su mismo nivel de destreza técnica, ni su experiencia en la industria.

Sin embargo, la sesión de retroalimentación no salió nada bien. Mi colega, un destacado experto en este campo, supo conducirse con extremo cuidado a través de las minas terrestres que él sabía que cubrían el paisaje de la psique del sujeto en cuestión. Y a pesar de su enfoque en sus notables fortalezas, a medida que escuchaba los comentarios críticos que aparecían en el informe, el CEO se tornaba cada vez más agitado y trataba de justificar sus molestias en sus múltiples supuestas enfermedades.

Gotas de sudor aparecieron en su frente, así que mi colega le preguntó si le parecía bien tomar un descanso. Sin previo aviso, el hombre se levantó bruscamente. Agarró los bordes de la mesa y la volteó de un gran golpe. Luego, se salió de la oficina. Por fortuna, mi colega estaba sentado del mismo lado que él para que los dos pudieran leer el mismo informe. Después de contactar a la oficina del CEO y al Departamento de Recursos Humanos, se produjo una reunión relámpago durante la cual se preparó un paquete de jubilación anticipada para aquel CEO que la compañía tanto odiaba perder.

Aunque la mayoría de las reuniones de evaluación de desempeño no va tan mal, es muy probable que esas sean las experiencias más odiadas en muchas organizaciones a nivel universal, tanto desde la perspectiva del evaluador como la del evaluado. Creo que en la mayoría de los casos, los gerentes pretenden que sus comentarios mejoren el desempeño de los empleados y que estos se comprometan a aumentar sus aportes y su valor para la organización. Sin embargo, la realidad es que la mayoría de las evaluaciones de desempeño logra exactamente lo contrario de lo que se pretende. La comunicación entre las partes se cierra y se genera mucho estrés y resentimiento por parte del receptor.

La poeta romántica Elizabeth Barret Browning escribió el famoso soneto *How Do I Love Thee? Let Me Count the Ways (Sonnet 43)* para expresarle su gran amor a su esposo, Robert Browning. Durante la temporada de evaluación de desempeño, a la gran mayoría de los miembros de la comunidad organizacional también les gustaría escribir un soneto para expresarles a sus jefes el sentimiento inverso al amor. Sería titulado "¿How Do I Hate Thee? Let Us All Count the Ways". Estaría compuesto de una larga lista de razones para odiarlo.

Los siguientes son comentarios y opiniones de evaluadores y evaluados. Los escucho casi a diario y están basados en las sesiones de retroalimentación de desempeño:

- "Las reuniones con mi jefe durante las evaluaciones de desempeño anual son demasiado incómodas y estresantes".

- "Mi ansiedad está fuera de todo pronóstico. Me siento tan a la defensiva, que no logro entender ni una sola palabra".

- "¿Cómo es posible captar y evaluar el trabajo de todo un año en una sola calificación? Esa no es una imagen real de mi desempeño".

- "Recibo muy poca información que sea verdaderamente útil y aplicable".

- "El proceso entero es degradante".

- "Como gerente, esto es lo más engorroso y lento que tengo que hacer. Me toma meses preparar los informes de mis subalternos para darles estas retroalimentaciones directas y luego tengo que demostrarle a mi jefe que mis apreciaciones son justas. Siendo sincero, todo este proceso es una enorme pérdida de tiempo. Preferiría hablar a diario con todos y cada uno de ellos".

- "Si bien se supone que el receptor obtiene una calificación equilibrada de la totalidad de su desempeño, casi todos lo evaluados se enfocan en la retroalimentación de sus aspectos negativos".

- "Una baja calificación del desempeño genera un efecto persistente en la disminución de la motivación. Una encuesta arrojó que, como resultado de la evaluación de desempeño, el nivel de compromiso del empleado promedio baja en un 23% cuando recibe una calificación más baja de la que cree merecer"[1].

- Comentario del autor: la mayoría de los empleados siente que las calificaciones de desempeño se ven afectadas por "efectos recientes", es decir, por "la tendencia del ser humano a sentirse influenciado por lo que ha visto u oído recientemente"[2].

- "Tengo un jefe que, en los últimos 30 años, no le ha dado a ningún empleado la calificación de 'superó las expectativas'. Siempre nos dice: 'Yo establecí unas expectativas por cumplir y usted no logró superarlas'. No me explico por qué razón el jefe de mi amiga sí califica a los miembros de su equipo con 'expectativas superadas'. Ese nunca es nuestro caso".

- Comentario del autor: la confiabilidad en los evaluadores es notoriamente baja.

- "Yo juego a la fija con tal de asegurarme de obtener una buena calificación y un buen aumento de salario".

Comentario del autor: el enfoque repetitivo bajo el cual los evaluadores de desempeño basan su calificación desalienta el deseo de innovación de los evaluados.

Scott Adams tuvo un día de trabajo de campo con Dilbert, tomando como referente el tema de las revisiones de desempeño, como se muestra a continuación, en la Figura 10.1

Figura 10.1 Dibujos animados de Dilbert

Fuente: DILBERT© 1997 Scott Adams. Utilizado con permiso de Andrews McMeel Syndication. Todos los derechos reservados.

¿Cómo arreglar un modelo de evaluación de desempeño tan averiado? ¿Qué más es necesario tener en cuenta para que la retroalimentación de desempeño sea significativa? De acuerdo con lo que aprendimos sobre el cerebro en el Capítulo 4, parece obvio que la premisa básica de la mayoría de los sistemas de evaluación de desempeño conduce a la sobremarcha a la parte hiperactiva del cerebro (la amígdala).

Algunas grandes empresas están abordando problemas comunes con los sistemas tradicionales. Por ejemplo, Microsoft, Lilly, GE, Dell, The Gap, Accenture, Adobe, New York Life y otras compañías bien conocidas se están deshaciendo de las categorías de calificación[3]. Goldman Sachs, conocido por sus escalas altamente matemáticas de 1 a 9, hace poco dejó de calificar a los empleados con números[4].

Para hacer este tema mucho más accesible, hablé con un profesional que llevó a su compañía a reconsiderar de manera bastante radical la forma en que funciona la evaluación de desempeño en su organización. Tuve el privilegio de hablar con el CEO de una compañía muy admirada, que ha cambiado drásticamente su proceso de evaluación de desempeño de sus empleados. Michael (Mike) L. Ducker es Director Ejecutivo y Presidente de FedEx Freight Corporation. Mike se ha desempeñado en una variedad de otras funciones en FedEx, como Jefe de Operaciones y Presidente de Servicios de Transporte Expreso Internacional en Federal Express Corporation. Anteriormente, Mike se desempeñó como Vicepresidente Ejecutivo de Servicios de Transporte Expreso Internacional para FedEx Express.

Le pregunté por qué quiso cambiar el sistema tradicional de evaluación de desempeño en FedEx Freight. No se equivocó al decir: "Sencillo de explicar: ¡la gente lo odiaba!". Luego, agregó que los directores en particular lo odiaban y lo consideraban muy laborioso y agotador. Temían que llegara el fin del año, época en que debían diligenciar esos formularios; describían esta como una "actividad infructuosa". Según ellos, se les iba la semana entera "llenando cuadrículas".

Mike señaló que otra razón convincente por la que la compañía "abandonó el sistema anterior" fue la nube negativa que se cernía sobre la experiencia de todos los involucrados. "Queríamos celebrar el éxito de los empleados y que aquella fuera una experiencia mucho más positiva y edificante".

"Estamos en el negocio de prestar servicios y prosperamos dependiendo del *esfuerzo discrecional* de cada empleado. Es un sentimiento diferente cuando existe un esfuerzo discrecional. Esto es crucial para nosotros. No es factible reconocer este diferenciador competitivo vital con solo llenar unas cuadrículas".

Mike cree firmemente que "los empleados quieren hacer un gran trabajo. Nadie se pone el uniforme, sale por la puerta, conduce al trabajo y dice: 'Hoy voy a arruinar algo'. La mayoría de la gente va a trabajar y piensa en cómo hacer un mejor trabajo que el que hizo el día anterior; además, se siente responsable y dispuesta a dar cuenta de sus acciones. El trabajo del gerente es crear un entorno en el que las personas tengan éxito y sobresalgan". Según Mike, la antigua forma de evaluación de desempeño, y lo que es más importante, su filosofía subyacente, ni fomentaba, ni reconocía estas inclinaciones inherentemente positivas de los empleados de FedEx Freight.

Mike defendió aún más su filosofía con respecto a los empleados al decir: "Contratamos personas que demuestren ser las mejores y las más brillantes para desempeñar su cargo. Luego, les damos un lugar justo y adecuado para trabajar. Les pagamos salarios acordes con el mercado. Les brindamos oportunidades de promoción y, como tal, siempre hemos tenido una de las tasas de rotación de personal más bajas en esta industria. Creemos que si hacemos todo esto con nuestros empleados, procurando su bienestar, ellos harán que la experiencia de cada cliente sea sobresaliente". Antes, el problema consistía en que el sistema de evaluación de desempeño utilizado hasta hace poco estaba fuera de sintonía con la filosofía de la compañía.

Después de que Mike se convirtió en CEO de FedEx Freight, contrató a Jeff Greer para que se vinculara al Departamento de Recursos Humanos. "Una de las primeras asignaciones que le di fue que se enfocara en hacer todo lo necesario para que la empresa abandonara el sistema de desempeño con el que venía trabajando hasta ese momento y desarrollara uno nuevo que en realidad sirviera al cumplimiento de la misión empresarial de manera mucho más constructiva". Jeff, experto abogado, comenzó un proyecto de rediseño total de la gestión de desempeño, involucrando a todos sus compañeros de equipo desde el principio.

Mike continuó: "El objetivo primordial era hacer que el nuevo sistema de evaluación de desempeño fuera mucho menos formal e intimidante. Lo llamamos 'Chat de desempeño' y aumentamos la frecuencia con la que lo aplicaríamos; de implementarlo una vez al año pasamos a realizarlo tres veces a lo largo del año. También hicimos hincapié en la necesidad de que los gerentes sostuvieran entre sí conversaciones mucho más frecuentes sobre el desempeño de los empleados. Además, atamos nuestro nuevo sistema a los principios fundamentales que han hecho que nuestra empresa sea exitosa —personas, servicios, ganancias—. Hoy en día, revisamos estos principios con nuestros empleados todo el tiempo. Estos tres aspectos forman un 'círculo virtuoso' que comienza con las personas. Si nuestros empleados reciben buen trato, les brindarán a nuestros clientes una excelente experiencia y, una vez satisfechos, ellos nos recompensarán con más negocios y obtendremos más beneficios —el círculo virtuoso—. Como incentivo, reinvertimos esos beneficios en nuestra gente, en nuestro servicio, en nuestra empresa. Luego, el chat de desempeño gira en torno a los tres elementos del círculo virtuoso y agregamos otras dos categorías: desarrollo del *yo* y desarrollo de *otros* para un total de cinco categorías, que unidas forman la 'plataforma' de discusión durante nuestro chat de desempeño".

Y continuó: "Cada una de estas cinco categorías contiene subelementos específicos sobre los cuales dialogamos con nuestros empleados. Por ejemplo, la categoría de personas incluye habilidades interpersonales, colaboración, profesionalismo, contratación y otras facetas. La conversación sobre los beneficios incluiría presupuestos, eficiencia, costos, administración de capital, etc. Los gerentes guían la conversación con sus empleados a través de cada uno de los temas, pero se espera que se centren primero en cómo se sienten ellos sobre su desempeño en varias categorías. El otro punto sobre el que quisiera volver a enfatizar es que queremos que la frecuencia del chat de rendimiento aumente dramáticamente. Esto incluye lo planeado tres veces al año, pero incluso más a menudo y de manera informal".

Una de mis curiosidades fue: ¿Existe algún formato? La respuesta fue: "Sí, pero uno muy simple. Es una sola página y cubre las cinco categorías".

También le pregunté cómo el chat de desempeño se mantiene conectado a las prioridades estratégicas y a otras expectativas clave para realizar un trabajo determinado.

Mike hizo énfasis en la responsabilidad fiduciaria de la compañía para con los accionistas de FedEx: "La compañía determina un programa de gestión por objetivos que nace del trabajo del comité de gestión estratégica a nivel de la compañía controladora. Este comité revisa los mercados, la competencia y el desempeño de la compañía. Las conclusiones de este proceso tan detallado se resumen en los principales objetivos corporativos. Algún subconjunto de estos objetivos corporativos generales se considera relevante a las responsabilidades funcionales de cada gerente. El nivel de administrador y superior tienen dos 'plataformas' revisadas en lo que normalmente son dos conversaciones. La primera plataforma incluye las cinco categorías descritas anteriormente. La segunda plataforma, diseñada para gerentes y otros miembros con cargos superiores, incluye su subconjunto de objetivos corporativos que están vinculados directamente a sus bonificaciones y compensaciones".

Es bastante normal encontrar resistencia frente a la posibilidad de cambiar un proceso heredado. Por ejemplo, ciertas partes interesadas dominaban el enfoque existente o tal vez estaban de acuerdo con la filosofía implícita en la forma en que la evaluación de desempeño venía funcionando hasta el momento. Ellos veían ese enfoque como el mejor medio para responsabilizar a los miembros de la organización y creían que esta nueva tendencia era demasiado blanda con los empleados.

Algunas organizaciones enfocadas en recursos humanos prefieren un enfoque más orientado en el cumplimiento y desean que el sistema les proporcione confiabilidad, así como una documentación cuidadosa acerca del desempeño de los empleados. Resulta bastante normal que los profesionales de recursos humanos con esta orientación se resistan a un enfoque con menos estructura. Además, podrían sentir que el gerente promedio quizá no posea el conocimiento interpersonal para utilizar eficazmente un enfoque que no tenga la configuración de un formulario de verificación diseñado en forma de casillas.

Mike reportó que hubo una celebración cuando Jeff desechó el sistema anterior y presentó el nuevo. En general, el Departamento de Recursos Humanos experimentó un retroceso mínimo, pero también se reconocieron varios factores positivos del proceso.

Primero, el Presidente de FedEx Corporation, Fred Smith, fue "un apoyo increíble. Él es un innovador y le dio la bienvenida a la simplificación". En segundo lugar, el liderazgo de Jeff Greer fue crucial en el proceso de cambio. El tercer aspecto positivo fue la inclusión de una variedad de partes interesadas, incluidas aquellas que podían invertir en un enfoque más orientado al cumplimiento. Cuando le pregunté a Mike si realizaría algún cambio en el proceso utilizado para desarrollar el nuevo sistema, me respondió que la participación de las partes interesadas clave era tan valiosa, que hubiera deseado incluir a más personas.

Mike insistió en que el equipo legal debía involucrarse. "Ayudó que Jeff Greer fuera abogado, pero el equipo legal de la compañía participó desde el principio". También quería tener la seguridad de que cualquier nuevo sistema incluiría la documentación apropiada "en caso de que se produjera una controversia". El sistema proporciona un proceso formal de "mejora del desempeño", según sea necesario.

Cuando le pregunté a Mike de qué manera se estaban adaptando al nuevo sistema los gerentes que preferían un enfoque más estructurado, él señaló que la flexibilidad incorporada al sistema los guía en cuanto a la forma en que se usa. Además, los gerentes deben proporcionar una calificación general de cada empleado en una escala de cuatro niveles:

1. Por encima de aceptable

2. Aceptable

3. Necesita mejorar

4. Demasiado nuevo para ser calificado

Los evaluadores no usan números, solo una de estas cuatro categorías enumeradas. No hay una distribución forzada en la cual un gerente deba dividir a los empleados que califica en porcentajes establecidos dentro de cada categoría dada. Mike agregó que si un gerente calificaba al 90% de sus empleados *por encima de aceptable* y la unidad no estaba alcanzando sus objetivos estratégicos, entonces se produciría una conversación con el gerente que dio esa calificación.

Le pregunté a Mike sobre la capacitación para gerentes en el uso del nuevo sistema. Para el lanzamiento inicial, había materiales de apoyo limitados. La compañía cuenta con un grupo de desarrollo y aprendizaje altamente talentoso que pronto implementará un sistema de aprendizaje de vanguardia con videos y módulos interactivos.

FedEx Freight y otras compañías mencionadas anteriormente han liderado al mundo corporativo con transparencia en la innovación de nuevos enfoques para la gestión del desempeño. Los elementos heredados, como la casilla para marcar con una X y los elaborados sistemas de calificación numérica, parecen dirigirse por el desguace de la evaluación del desempeño. El odio virtualmente universal de la mayoría de los sistemas heredados pronostica una revolución en los próximos años.

¿Qué deben incluir los formatos de la retroalimentación del rendimiento?

Debido a que *Sé un Influencer* habla de cómo los líderes transforman a los miembros de sus organizaciones, debemos considerar qué principios y prácticas de este libro podrían incorporarse en cualquier replanteamiento de la gestión de desempeño.

Algunos elementos de lo que aquí propongo son adaptables a cualquier proceso e incluso a un formulario. Sin embargo, son más importantes aún las *perspectivas* que los líderes deben adoptar con el fin de transformar verdaderamente a quienes lideran. *Un sistema de casillas para marcar con una X puede informar, pero no*

transformará. En última instancia, la influencia transformadora del
líder depende de la clase de persona que él sea.

Un sistema de casillas para marcar con una X puede informar,
pero no transformará.

Estoy convencido del valor del entrenamiento; sin embargo, el entrenamiento en sí mismo no hará que este enfoque funcione. Más bien, es cuestión del nivel de profundización personal del líder, quien debe aprender a conectarse con sus seguidores de una manera más sustancial. El núcleo sólido de un líder hace posible la transformación de otros.

¿Cuáles son las perspectivas y prácticas que valoro especialmente cuando una organización quiere reinventar su sistema de evaluación de desempeño?

Oportunidad

Existen ciertas leyes irrefutables del comportamiento humano y una de ellas sostiene que cuanto más cercana sea la retroalimentación a determinada conducta, más efectiva será esa retroalimentación. Mike Ducker y su equipo diseñaron muchos aspectos de la evaluación de desempeño que contribuyen a un sistema más efectivo, pero sin lugar a dudas, uno de los cambios más profundos es la frecuencia. Quien piensa que una sola retroalimentación al año tiene un gran valor niega el principio indiscutible de que la proximidad de la retroalimentación al comportamiento por corregir es tremendamente importante. Trabajé en estrecha colaboración con la vicepresidenta ejecutiva de una empresa de Fortune 500 de gran prestigio y le pregunté con qué frecuencia deberíamos hacer retroalimentaciones de desempeño y me respondió: "¡Todos los días!".

Afirmación del núcleo

¿Cuál es la puerta de acceso más eficaz hacia las funciones cerebrales de orden superior que conducen a la innovación, la creatividad y la resiliencia? La afirmación. Si deseamos fomentar el alto rendimiento, entonces afirmemos los tres niveles que describo detalladamente en el Capítulo 4: estilo, competencia y núcleo.

La ciencia del cerebro asegura que la afirmación es la clave para acceder a los centros de orden superior de nuestro cerebro. Si queremos transformar a aquellos que lideramos, nuestro sistema debe promover el uso de las afirmaciones. Independientemente de cómo se diseñe un formulario o un proceso, la afirmación de cada retroalimentación debe ser un paso fundamental. Debe incluir *qué* se hizo y *cómo*. El *qué* se ocupa de la competencia del líder. El *cómo* se centra en el impacto del estilo de la persona evaluada al realizar sus tareas y cumplir sus objetivos, en su forma de trabajar con los miembros del equipo o en cómo representó a su organización. El *quién* refleja nuestro núcleo.

Las oportunidades más importantes para lograr nuestra transformación ocurren en nuestro núcleo. La afirmación de nuestro núcleo quizás ocurra con menos frecuencia, pero surte un gran efecto cuando sabemos cómo administrarla. La afirmación del estilo y la conducta conduce a constante retroalimentación. La afirmación del núcleo es tal vez más oportunista. Para utilizar el término de FedEx Freight, un *chat de desempeño* podría ser un momento oportuno para profundizar con alguien y poner de manifiesto su núcleo.

Para alcanzar el núcleo de una persona, debemos hablar *palabras de vida*, el lenguaje del núcleo del cual hablamos en el Capítulo 4. ¿Qué lenguaje oye el núcleo? A continuación, presento los 10 ejemplos principales de cómo brindar aquellas *palabras de vida* que "¡iluminan nuestro núcleo!". Un chat de rendimiento es un momento ideal para mencionar una o varias de estas dimensiones:

1. *Integridad:* "Enfrentaste este reto que era éticamente desafiante con gran carácter. Esa es una manifestación perfecta de cuáles son nuestros valores corporativos".

2. *Valor:* "Demostraste que tienes valor al alejarte de esa cuenta tan complicada de manejar. Después de explicarle a nuestro CEO, él entendió tus razones y apoyó tu decisión".

3. *Humildad:* "Aunque todos saben que tú hiciste el trabajo, públicamente, le atribuiste el éxito del proyecto a tu equipo. Ese fue un gesto muy noble de tu parte".

4. *Juicio:* "La forma en que analizaste los pormenores para tomar la decisión de abandonar la antigua plataforma de TI fue excelente. Incluso los partidarios del antiguo sistema dijeron que la forma en que nos guiaste hacia tomar esa decisión demostró tu habilidad para argumentar sobre las ventajas de hacer la transición al nuevo sistema".

5. *Autenticidad:* "Tu franqueza y honestidad acerca de cómo te sentías con el nuevo proyecto sirvió para evitarle al equipo un muy mal rato".

6. *Autorregulación:* "Aunque hubiera sido completamente justificable colocar una bomba de neutrones durante esa reunión con el Departamento de Mercadotecnia, demostraste que sabes manejarte con moderación y el manejo que le diste a la situación contribuyó a que nuestro programa volviera a encarrilarse".

7. *Sabiduría:* "Tomaste la decisión de pasar el tiempo que no tenías en la Costa Oeste aclarando el desorden que formó el equipo de implementación de software. Salvaste a un cliente excelente y mitigaste en silencio lo que todos sabíamos que era un error grave. Los chicos de TI saben que se equivocaron, pero la forma en que manejaste el problema los convirtió en amigos de por vida".

8. *Pureza:* "Utilizaste el poder de la verdad cuando le dijiste a nuestro CEO que su nuevo proyecto no sería rentable en, por lo menos, tres años, si acaso. Fue un movimiento arriesgado, pero todos los demás en la suite C nos expresaron su alivio. Aunque nuestro CEO se mostró decepcionado, te felicitó por tu franqueza".

9. *Resiliencia:* "Tu resolución y flexibilidad hicieron que este proyecto fuera exitoso".

10. *Influencia:* "Teníamos que tener gente de marketing en nuestro equipo. Y a pesar de la opinión que ellos expresaron acerca de que nuestro proyecto era de baja prioridad, te los ganaste. Nuestro cliente no puede creer que hayamos lanzado este proyecto tan rápido. Está encantado con el resultado de tu gestión".

Importancia del *qué*, el *cómo* y el *quién* en el sistema de evaluación de desempeño rediseñado

La mayoría de los sistemas de evaluación de desempeño de antes se enfocaba en revisar *qué* logros alcanzaba el empleado evaluado y a veces tenía en cuenta *cómo*. Sin embargo, en mi experiencia, el *quién*, o sea esas dimensiones del núcleo a las que hemos venido refiriéndonos, muy rara vez se veía reflejado durante la retroalimentación jefe/empleado. Irónico, pues es en el *quién* en donde ocurre la verdadera transformación. Sin embargo, muchos líderes no saben cómo expresarse haciendo uso de palabras de vida, ni cómo alcanzar un alto nivel de interacción comunicativa.

La capacitación y el desarrollo son esenciales en la implementación de todo nuevo sistema, en especial cuando los cambios implican una conexión más profunda con el núcleo de quienes nos rodean. El Capítulo 4 proporciona una lista de prácticas necesarias para que el líder logre comunicarse eficazmente al núcleo de su interlocutor.

En el Capítulo 5, expuse que, basado en los estudios más recientes que ha hecho la ciencia que se encarga de investigar el cerebro humano, tanto la crítica constructiva como la retroalimentación negativa activan una parte del cerebro que se encarga de desconectar las capacidades de receptividad y de resolución de problemas. Sin embargo, cualquiera que esté en posición de liderazgo podría preguntarse con justa razón, ¿cómo hacer entonces para corregir a alguien que tuvo mal desempeño o que necesita mejorar en ciertas áreas de su trabajo?

En el Capítulo 6, sugerí varias condiciones que, de cumplirlas, les ayudan a los empleados a ser receptivos cuando son evaluados mediante perspectivas contrarias a las suyas en cuanto a su desempeño laboral. Algunos expertos en el tema argumentan que los jefes no deben mimar a ningún empleado cuando este necesite dar pasos correctivos para mejorar su desempeño. Sin embargo, desde el punto de vista pragmático, yo discrepo, pues he visto que la retroalimentación suele ser más fructífera cuando se hace de tal manera que el evaluado logre interiorizarla y analizarla para luego implementarla. De ninguna manera, esta percepción excluye lo que Mike Ducker denominó como proceso de "mejora del rendimiento", que argumenta que si queremos transformar el trabajo de un empleado, un enfoque diferente al de la crítica tradicional producirá mejores resultados.

La retroalimentación enfocada en la alianza se basa en la premisa de que, por lo general, cuando los empleados no participan activamente en la selección de los objetivos del equipo o departamento, terminan aceptándolos de manera pasiva. Es mejor hablar con ellos y hacer un consenso sobre cuáles serán los objetivos y las acciones específicas que los llevarán a su cumplimiento en lugar de decirles que, en una escala de rendimiento de 1 a 10, están obteniendo un 3. Yo no soy diseñador de formatos, pero creo que el uso de un formato de seguimiento de desempeño que vaya mostrándoles cómo van en el cumplimiento de sus objetivos y en la dirección estratégica del equipo sería mucho más útil para todos.

Estudios sobre el cerebro dejan en claro que la mejor retroalimentación enfocada en la alianza es aquella que se relaciona de manera directa con las esperanzas, los sueños y las aspiraciones personales de los evaluados. En mi observación, la mayoría de los sistemas de evaluación de desempeño consiste en una interacción evaluador/evaluado sobre el nivel de desarrollo del evaluado, es decir, sobre cómo este podría mejorar. Lo cierto es que el hecho de vincular nuestro desarrollo laboral con los objetivos de nuestra carrera produce una conexión con la parte de nuestro cerebro encargada de generar innovación e ingenio. Por ejemplo, podríamos decirle a un empleado: "Si colaboras más con Cindy, tu colega del equipo de marketing, tu imagen laboral será mucho más positiva, no solo para ella, sino también para su departamento. Ten en cuenta que la retroalimentación informal de los socios de la empresa que tienes a tu alrededor es crucial en el momento de decidir qué empleados ascienden al nivel gerencial. Así que, ser más intencional en la construcción de relaciones con tus compañeros en otros departamentos te ayudará a lograr ese importante objetivo de unirte al equipo de liderazgo".

Algunos podrían argumentar que este ejemplo es demasiado indirecto. Uno diría: "Mira, lo arruinaste. Cuando tuviste la oportunidad de obtener la ayuda de Cindy en el proyecto, nunca la llamaste. Es por eso que te estoy dando una calificación de 2 sobre 10 en el área de colaboración multifuncional". Si bien es cierto que este enfoque es más directo, el problema es que, según la ciencia que estudia el cerebro, la mente del empleado evaluado se bloquea y perdemos cualquier esperanza de transformarlo. Una gran cantidad de investigaciones apoya la eficacia de conectar la retroalimentación basada en la alianza con algo de valor para quien la recibe.

Por ejemplo, al vincular la retroalimentación basada en la alianza con las esperanzas y los sueños de los destinatarios se producen muchas reacciones positivas en su cerebro, tales como la calma y la apertura hacia nuevas ideas, la liberación de importantes sustancias químicas cerebrales e incluso una mejor salud cardiovascular.

Construyendo confianza

Las claves adicionales para que la evaluación de desempeño sea efectiva son establecer una base de confianza y asegurarnos de que el destinatario de nuestra retroalimentación sepa que, en el fondo, nosotros estamos a "su favor". Este punto es particularmente importante cuando la retroalimentación está basada en la alianza, ya que la irritación y la impaciencia retrasan cualquier posibilidad de transformación. La amígdala se sobrecarga y al sobrecargarse cierra los canales de acceso hacia el núcleo de nuestro interlocutor. Así que generar confianza a medida que la interacción avanza hace mucho más probable que nuestro interlocutor sepa que nuestra motivación se deriva del compromiso que tenemos con su éxito. Por tal razón, dada la forma interconectada de nuestro cerebro, el hecho de recordarle que estamos interesados en él o en ella y en su desarrollo y avance en la organización, contribuye a que su cerebro funcione de maravilla.

Los directores ejecutivos que entrevisté antes de escribir este libro fueron enfáticos en que cada persona que recibe comentarios sobre su desempeño necesita escuchar una combinación de estímulo y desafío. El enfoque que estoy defendiendo no es el de mimar a los empleados, como podrían sugerir algunos críticos más orientados a las tareas. Retar a las personas que lideramos a que eleven su nivel de desempeño va en acuerdo con todas y cada una de las recomendaciones que ofrezco en este libro. Mi anhelo es ver florecer a la gente al interior de la organización a la que pertenece. No estoy sugiriendo que los principios y perspectivas aquí defendidos funcionarán con todos, porque hay personas que, simplemente, no pertenecen a la organización en la que se encuentra en el momento y un empleo no puede ser visto como una rehabilitación.

Desde un punto de vista práctico, debemos ser selectivos en aquellos con quienes vamos a invertir intensamente.

Lo que defiendo es que creemos culturas empresariales que en verdad estén basadas en el desarrollo. Muchas empresas que adoptan en serio esta perspectiva logran resultados sorprendentes. Se convierten en lugares donde a la gente le encanta trabajar. Y bajo cualquier métrica, este tipo de empresas supera a sus competidores.

La evaluación de desempeño mediante diversos formatos seguirá siendo parte de las mejores organizaciones. ¡Mi gran esperanza es que los encargados de rediseñar estos sistemas de evaluación aprovecharán al máximo las nuevas investigaciones acerca del cerebro y considerarán con supremo cuidado qué es lo que hay que hacer para sacar a relucir lo mejor de quienes están bajo liderazgo!

11 Consejo especial para padres, maestros y entrenadores

Sé un Influencer en los encargados de nuestro cuidado

Por muchos años, dicté durante enero un curso de posgrado en una escuela de Orlando. Uno de mis alumnos propuso que tomáramos un descanso y, en lugar de la clase, aprovecháramos para ir a ver el lanzamiento del transbordador espacial, a unas millas de distancia, en Cabo Cañaveral. Incluso desde esa distancia, pudimos ver las enormes columnas de fuego y humo de los propulsores de combustible del cohete durante su despegue. Al ver este increíble espectáculo, los estudiantes comenzaron a vitorear y aplaudir de un momento a otro. Y aunque no pudimos presenciarlo, fue un hecho que, cuando el transbordador se acercó al borde del espacio, los dos motores de refuerzo se separaron del cuerpo del transbordador y se lanzaron en paracaídas hacia el océano. En ese momento, los motores a bordo tomaron el control y propulsaron al transbordador espacial hacia su misión.

Cuando nuestros hijos estaban creciendo, Anne y yo les hablábamos sobre cómo el transbordador espacial era una metáfora de lo que ella y yo creíamos que era nuestra principal misión en sus vidas. Sobre todo, queríamos proporcionarles un hogar seguro y lleno de amor, pero también hacer todo lo que estuviera a nuestro alcance para que ellos alcanzaran la órbita más alta posible. Hicimos todo lo que sabíamos para ayudarlos a crecer y desarrollarse a nivel académico, social, atlético, espiritual y personal. Tratamos de establecerles expectativas altas desde sus primeros años. Y antes de que ellos mismos entendieran lo que es un transbordador espacial, ya sabían de manera intuitiva que nosotros esperábamos que ellos se elevaran hasta alcanzar grandes metas. Hoy, Anne y yo nos reímos acerca de la sala de estar sin muebles que decidimos tener en nuestra casa. Casi ningún sacrificio era demasiado grande para asegurarnos de que nuestros niños tuvieran todas las oportunidades para desarrollar su potencial.

Lo que también les contamos fue que, así como los sólidos propulsores de cohetes, algún día nosotros dos también nos lanzaríamos en paracaídas hacia el océano, metafóricamente hablando. En ese punto, los motores de a bordo tendrían que hacerse cargo del vuelo. Se harían totalmente responsables de sí mismos. Tendrían que usar sus propios recursos para impulsar sus vidas, incluida la sabiduría y el juicio para tomar buenas decisiones. Nosotros estaríamos alentándolos y nos sentiríamos asombrados por todos los logros que alcanzarían, pero no debían esperar que ni Anne ni yo fuésemos su fuente de propulsión.

El transbordador espacial puede ser una buena metáfora para cualquiera que busque ayudar a los niños a alcanzar su potencial. Ciertamente, los padres queremos esto para nuestros hijos, pero también hay maestros, entrenadores, líderes religiosos y otros en posiciones de liderazgo que trabajan con niños y quieren que todos los que están bajo su cuidado alcancen la cima y aprendan a prosperar por sí mismos.

Coraje para luchar por el bienestar de nuestros hijos

¿Estamos dispuestos a luchar por nuestros hijos e incluso a hacerles pasar un mal rato con tal de protegerlos? Nunca olvidaré a la madre de uno de los compañeros del equipo de fútbol americano de mi hijo Jim. Al enterarse de que su hijo (un futuro jugador de la División I) había obtenido una C en un examen de matemáticas, ella decidió irrumpir en el campo de práctica con sus tacones altos y caminó directo hacia el centro de la cancha cuando el partido ya había comenzado. En medio de unos cuantos cuerpos volando por todas partes, agarró a su hijo por la máscara y lo arrastró hacia un lado para decirle que no volvería a la práctica de fútbol hasta que obtuviera una mejor calificación en su prueba de matemáticas. Protestando, el chico abandonó de inmediato el campo y fue a parar directo al programa de asesoría después del horario escolar. Salió tan rápido, que todavía llevaba sus almohadillas puestas. La parte más entretenida de la historia es que todos los entrenadores permanecieron quietos y en silencio, amontonados en la línea de banda, apenas observando la magnitud de semejante escena; ninguno de ellos estuvo dispuesto a cuestionar las altas expectativas de esa mamá.

Con el paso del tiempo, mi esposa se hizo amiga de esta madre tan particular y se fue dando cuenta de que esta familia había construido un *nosotros* bastante fuerte. Todos tenían total claridad sobre sus valores y sobre la importancia de que existiera entre ellos una fuerte cohesión como familia. Los padres mantenían la firme convicción de que harían todo lo posible para ayudarles a sus dos hijos a convertirse en adultos exitosos. Para ellos, su familia y su unión familiar estaban por encima de todo. Sus convicciones espirituales los llevaba a excluir del grupo de amigos de sus hijos a ciertos de ellos, si sentían que ejercían algún tipo de influencia que comprometiera de alguna manera su seguridad y bienestar. Aquel hijo que ella sacó arrastrando del campo de juego es hoy comandante de un enorme barco de guerra de la Marina de los Estados Unidos.

Con frecuencia, los padres nos enfrentamos a ciertas pruebas de valentía relacionadas con el hecho de ser rechazados por aquellos cuya aprobación y estima anhelamos y necesitamos. Se necesita ser valiente para decirle a una hija de 14 años: "No, no usarás ese vestido para ir al baile de graduación"; o para negarle un permiso a nuestro hijo diciéndole a otro padre de familia: "Lamento que mi hijo de 12 años no pueda ir a la dormir a su casa, porque no le permitimos ver películas con clasificación para adultos". No faltan ejemplos de este tipo de pruebas, pero la pregunta para todos los padres es si somos capaces de tomar decisiones difíciles cuando los valores que consideramos fundamentales para nuestra familia son puestos a prueba.

Palabras de vida: el mejor combustible para alcanzar una órbita alta

He manifestado a lo largo de este libro que el poder de una afirmación es extraordinario, pero es especialmente influyente en la vida de los niños. Para criar hijos sanos y bien educados, *debemos* afirmarlos. Es necesario respaldarlos y apoyarlos en todo lo relacionado con sus habilidades crecientes y, sobre todo, necesitamos hablarles con palabras de vida, teniendo presente que esa en la manera más sabia de impactar su núcleo y confirmar su carácter.

Una práctica que comenzamos a implementar en nuestra familia cuando nuestros hijos eran bastante pequeños fue que durante el cumpleaños de alguno de los miembros de la familia (incluidos los padres, abuelos, etc.), cada uno expresaría alguna cualidad o gesto que le agradara y respetara del cumpleañero. Nuestros dos hijos continuaron esta práctica con sus hijos. Los resultados en quien recibe palabras de vida dirigidas a su núcleo son sorprendentes. ¡A medida que los niños crecen, la profundidad de su afirmación crece!

Las figuras de autoridad, como los maestros y los entrenadores, desempeñan un papel demasiado importante en la evaluación de desempeño de los estudiantes. Cada vez que exista la oportunidad, hablarle con palabras de vida al núcleo de un estudiante podría marcar una gran diferencia en su vida. Cuando los entrenadores y maestros les hablan con palabras de vida a sus estudiantes y jugadores, realmente pueden sacar lo mejor de ellos. Sin embargo, hablarles de esa manera requiere que ese padre, maestro o entrenador tengan intacto su propio núcleo. Por desgracia, este no es siempre el caso.

La tragedia de las palabras de muerte

También son poderosos los efectos fulminantes de la crítica y la vergüenza —las palabras de muerte—. Padres, maestros y entrenadores tenemos un tremendo potencial para decir palabras que dañan a los niños. Las figuras de autoridad que están heridas en su propio núcleo a menudo utilizan críticas y vergüenza para motivar a quienes tienen bajo su liderazgo, no porque estas sean las más eficaces, sino porque reflejan las palabras que un padre o alguna otra persona influyente les dijeron también a ellos.

Un hombre que observé como entrenador durante varios años era increíblemente tóxico y nunca debió habérsele permitido trabajar con niños. La vergüenza era su principal método de motivación. Incluso para los más inexpertos, la mayoría de los padres de los jugadores sabía que algo andaba mal en él. No entiendo por qué los administradores escolares no son más exigentes al examinar el talento de sus entrenadores. Siempre me sorprendo ante hechos como este, que ponen en cuestionamiento la competencia del administrador que permite que este tipo de personas se vincule laboralmente a una institución educativa.

Por situaciones como la que ocurrió en mi historia sobre la maestra de primer grado de Anne, sabemos lo impresionables que son los niños pequeños. Y en mi caso, todavía puedo ver algunas de las miradas degradantes de mis entrenadores alojándose con gran firmeza en alguna de mis neuronas cerebrales.

El fútbol universitario: un asombroso experimento de laboratorio

El entrenamiento abusivo ciertamente no es nuevo en el ámbito de los deportes universitarios. De hecho, las denuncias de abuso aparecen con mayor frecuencia, incluso en los deportes con menos seguidores. Para los entrenadores, pasar de una afirmación al abuso tiende a ser difícil cuando el estrés es alto, ya que ellos saben que demasiadas derrotas en su campo de acción pueden costarles su trabajo. Un importante artículo en *Sports Illustrated* sugiere que, en la actualidad, incluso los entrenadores de fútbol universitario podrían estar viendo el mundo de manera diferente cuando se trata de hacer duras críticas[1].

La Dra. Barbara Fredrickson, autora de *Positivity* y sicóloga social que dirige el Laboratorio de Emociones Positivas y Psicofisiología (PEP) de la Universidad de Carolina del Norte, manifiesta: "Las emociones negativas atraen más la atención de las personas... existe la percepción de que la mejor manera de obtener lo que el líder quiere de sus empleados o jugadores es haciendo uso de negatividad o amenazas, o mediante una actitud estresante o intensa. Pero en términos de vinculación, lealtad y compromiso hacia un equipo o grupo, así como con el desarrollo personal a largo del plazo, la actitud negativa no funciona tan bien, ni obtiene tan buenos resultados como la positiva"[2].

El Dr. Ben Tepper, de Ohio State's Fisher College of Business, dice: "Todos los estudios demuestran que no hay un beneficio incremental con el hecho de ser hostil". El entrenamiento abusivo no conduce a una mayor fuerza y cohesión del equipo. Por el contrario, es agotador y divisivo. Con el tiempo, la investigación desacreditó el uso de las estrategias de entrenamiento abusivo". Además, Tepper señala: "Incluso cuando un líder experto y hábil ejerce control, la hostilidad siempre produce rendimientos decrecientes"[3].

A veces, les pregunto a los padres por qué les gritamos a nuestros hijos y, por lo general, obtengo como respuesta una mirada en blanco. ¿Por qué los gerentes, entrenadores y padres todavía emplean duras críticas y gritos como su forma preferida de motivar? La respuesta corta es: porque funciona. Como lo sugieren las palabras de Fredrickson, si nada más funciona, las palabras ásperas sí llaman nuestra atención, pero hay un gran problema con el uso de la negatividad como una táctica motivadora.

La crítica no supera la prueba de sostenibilidad y es necesario hacerla cada vez mejor para que sea efectiva. Siempre me ha parecido extraño que los padres cuenten hasta tres para hacer que sus hijos pequeños cumplan con sus requisitos. La intensidad y el volumen de su voz aumentan con la cadencia corta de sus palabras y pronto el niño aprende que no tendrá por qué hacer nada hasta que su padre o madre lleguen al *tres*. ¡En este caso, los padres se convierten en los sujetos cuyo comportamiento está siendo controlado! Y lo que es más importante aún, gritar no contribuye en nada al desarrollo de un niño autosuficiente y autorregulado.

Del mismo modo, ser crítico con un empleado da resultados a corto plazo, pero sirve de muy poco para desarrollar en él a un trabajador maduro y autodirigido. Obtenemos resultados de las críticas, pero estas siempre son inadecuadas cuando se trata de lograr transformación duradera y madurez en quienes las reciben.

Incluso cuando un gerente está convencido de que sus motivos para hacer determinada retroalimentación son completamente positivos, durante largo tiempo, sus críticas no producirán los resultados que él espera.

Por cierto, no pretendo ser un ejemplo de virtud aquí. Cuando mis hijos eran más pequeños, yo también les di unos cuantos discursos de alta intensidad en mi intento por alinearlos. El único valor duradero de mis discursos es la parodia que hoy hacen ellos de lo que yo les decía en aquel entonces. Por supuesto, en esos recuentos embellecidos de mis discursos más famosos, ¡yo siempre quedo en ridículo!

Alerta para los padres: *cuando estamos bajo estrés, lo que les decimos a nuestros hijos puede perjudicarlos, ¡pero también puede convertirse en su mejor material de comedia cuando ellos sean mayores!*

Retroalimentación para niños enfocada en la alianza

Debido a que la ciencia del cerebro ha establecido que la crítica no saca a relucir lo mejor de otra persona, especialmente de un niño, ¿cómo corregir un comportamiento equivocado? El concepto de retroalimentación basada en la alianza, introducido en el Capítulo 6, es una herramienta poderosa para redirigir el comportamiento de un niño.

La retroalimentación enfocada en la alianza sirve para generar los comportamientos necesarios para mejorar las esperanzas, los sueños y las aspiraciones del receptor.

En el Capítulo 2, mencioné a mi destacada maestra de matemáticas en la escuela secundaria, la Sra. Chapman. Recuerdo haber revisado uno de mis exámenes con ella en el que obtuve una nota terrible. Nunca olvidaré cuando ella levantó la vista y me dijo con el mayor respeto y preocupación: "Tú eres mucho mejor que esto". En esa breve y concisa frase, yo escuché: "Tú tienes el potencial para hacer algo importante con tu vida. Si te concentras más en este tema, podrás prepararte y aprender y obtener resultados mucho mejores. No malgastes tu talento, ni tu tiempo permitiéndote hacer nada con mediocridad". En los meses que siguieron, hice mi mejor esfuerzo y asistí durante muchos días a la semana a las sesiones de ayuda antes de la jornada escolar. La Sra. Chapman puso en movimiento ciertas actitudes que había en mí y que todavía me guían, aun muchas décadas después.

Los padres, los maestros y los entrenadores debemos ser las fuentes principales de la retroalimentación basada en la alianza y no de críticas. Si un niño sueña con ser astronauta, médico, ingeniero, maestro, ministro o empresario, conectemos esas aspiraciones con cualquiera de sus comportamientos equivocados, como no hacer sus tareas. Encarguémonos de conectar a sus esperanzas y a sus sueños todo lo que ellos necesitan corregir. ¡Este es un fenómeno cimentado científicamente!

La retroalimentación basada en la alianza evita las críticas y, en cambio, señala la incongruencia entre lo que los niños quieren y la forma en que actúan. Para un estudiante de secundaria, puede ser tan simple como decir: "Dijiste que quieres asistir a la universidad (nombre de la escuela). Te apoyaremos en ese objetivo, pero nos preguntamos si sacar una C en física (su calificación actual) no perjudicará tus posibilidades de admisión".

Durante el último año de nuestro hijo Jim en bachillerato, Anne y yo fuimos convocados por el director a una reunión en su oficina, justo una mañana antes de las vacaciones de Navidad (por fortuna, fue nuestra primera y única reunión de esa naturaleza). Jim eligió aplicar temprano a la universidad y, a principios de diciembre, supo que había sido aceptado, así que comenzó a asumir que ya había terminado sus estudios en escuela secundaria.

El director no se anduvo por las ramas. Miró a Jim y le dijo: "Felicitaciones por haber tomado la decisión de aplicar desde ya a la universidad. Por desgracia, tus calificaciones han caído abruptamente desde que recibiste esa buena noticia. El fútbol parece ser lo único que te importa en este momento. Quiero que sepas que si tus calificaciones no regresan al nivel que tu universidad exige para tu admisión, tengo la obligación de informarle a la oficina de admisiones que ya no cumples con sus estándares académicos y la universidad tiene el derecho de revocar su decisión". Los ojos de Jim ahora eran tan grandes como platillos y se quedó sin palabras. El director no fue crítico, pero usó una retroalimentación enfocada en la alianza para lograr un efecto profundo. Durante el resto del año escolar, Jim fue un estudiante modelo. *A veces, las lecciones de vida se aprenden mejor por experiencia propia que por lo que otros intentan enseñarnos.*

A veces, las lecciones de vida se aprenden mejor por experiencia propia que por lo que otros intentan enseñarnos.

Mis hijos se burlan de mí a menudo y hacen apuntes divertidos de algunos de mis discursos de padre más memorables. ¡Algunos de los que les di presionado por su dureza cuando ellos actuaban mal no podrían mencionarse en medio de una elegante reunión social! *Mi discurso sobre el vacío* les hacía un gran énfasis con respecto a que ellos necesitaban aprender a disciplinarse y ser autorregulados. De lo contrario, alguien más llenaría ese vacío creado por su falta de autocontrol. Quizá sería un maestro, un entrenador, un director, un jefe o incluso la policía, ¡pero la naturaleza aborrece los vacíos! Que ellos mismos llenaran el vacío generado por su falta de control siempre sería más agradable que cuando alguna figura de autoridad gruñona entrara a llenarlo en lugar de ellos. El director de la escuela secundaria de Jim llenó un vacío cuando sus calificaciones de último año se hundieron, y esa no fue una experiencia agradable para mi hijo. Sin embargo, fue efectiva y él aplicó el consejo del director sin hacer ni una onza de crítica.

El *yo*, el *nosotros* y el *ello* de las familias

En el Capítulo 8, vimos el modelo "*yo*, nosotros y ello". En nuestra familia, buscamos mantener un equilibrio entre el *yo*, el *nosotros* y el *ello*. Debido a que creo que este modelo tiene una aplicabilidad tan amplia en la vida, los padres, maestros y entrenadores deben ser intencionales cuando se trata de mantener estos tres aspectos en equilibrio en el hogar, la escuela, los equipos, los clubes, etc.

¿Cómo se aplica este modelo a una familia? Primero, los padres deben alentar el desarrollo del *yo* de cada niño. Para esto, necesitan encontrar algún área en la que el niño obtenga buenos resultados y ayudarlo a mejorar aún más. Creo firmemente en la eficacia de las lecciones de piano, gimnasia, karate, ajedrez e incluso apoyo las lecciones individuales para practicar deportes de equipo como el béisbol. Encontrar a alguien en la comunidad que enseña lecciones de bateo o de lanzamiento le ayuda al niño a tener una mejor oportunidad de sobresalir.

La tutoría académica también suele ser útil. El mundo es más competitivo y la realidad nos muestra que es importante que busquemos darles a nuestros hijos todas las oportunidades que ellos necesiten para sobresalir. Esto incluye consejería para los que, generalmente, sean tímidos, temerosos o carezcan de confianza. Mi esposa y yo nos dimos cuenta de que nuestros dos hijos eran diferentes el uno del otro y que necesitaban diferentes oportunidades para que cada uno desarrollara sus capacidades. Siempre tratamos de alentar a cada uno a usar sus fortalezas y a crecer en áreas que creíamos que serían importantes en su futuro.

El *nosotros* familiar

El sentido familiar del *nosotros* es fundamental. La familia proporciona un terreno de entrenamiento *natural* para el desarrollo del *nosotros*. Cada familia, independientemente de la composición, bien sea que esté conformada por papá y mamá, un padre, un padre y una abuela, etc., tiene la oportunidad de crear una narrativa única para su familia. El *nosotros* proporciona un límite dentro del cual cada niño está protegido y es distinto a los demás.

También hay muchas oportunidades para que los niños experimenten un *nosotros* fuerte fuera de su contexto familiar. Por ejemplo, un equipo deportivo es una gran oportunidad para afianzar el trabajo en equipo con todas las demandas interpersonales, la gestión de conflictos y las habilidades sociales necesarias para trabajar y llevarse bien en el mundo actual.

Muchas oportunidades diversas en la vida del niño requieren un *nosotros* y estas se convierten en circunstancias valiosas para desarrollar las habilidades necesarias para trabajar con otros. Podría ser un equipo de béisbol o fútbol, un equipo de porristas, un club de robótica, un grupo de scouts, de servicio comunitario, de jóvenes de la iglesia y de cualquier otra área de participación. Cada niño tiene un talento inusual en algún campo específico que debería ser apoyado, pero es vital que también participe en alguna actividad que desarrolle su sentido del *nosotros*.

Los entrenadores expertos desarrollan jugadores individuales, por ejemplo, a un jugador de línea en el fútbol se le debe enseñar el trabajo de pies adecuado para estar en posición de bloqueo efectivo ante un jugador defensivo; sin embargo, muchos deportes también reflejan la necesidad de jugar en equipo. Un gran entrenador trabaja hasta el cansancio para crear un fuerte sentido del *nosotros*, que es tan vital para ganar en los deportes de equipo.

En nuestra familia, Anne y yo trabajamos con gran ahínco para ayudarles a nuestros hijos a aprender cómo llevarse bien con los demás, cómo formar parte de un equipo, cómo ayudar y alentar a otros. Sabíamos que la inteligencia emocional era importante, y en última instancia, más importante que su coeficiente intelectual. Ellos necesitaban ser conscientes de sí mismos, empáticos, autónomos y capaces de influir en los demás. Su estilo de relacionarse con otros determinaría en gran medida cualquiera de sus éxitos futuros.

Los padres deben equilibrar la cantidad de atención en el *yo*, *el nosotros* y el *ello* de su familia. A veces, las necesidades individuales de alguno de los miembros de la familia superan cualquier otra preocupación familiar, como un niño con una lesión o enfermedad. Pero incluso cuando una familia debe enfocarse de manera desproporcionada en las necesidades de un solo miembro de la familia, es importante generar y mantener el sentido del *nosotros*.

El *ello* de una familia o un equipo

Creo que cuando se hacen referencias a "la ruptura de la unidad familiar" y sus consecuencias catastróficas en nuestra sociedad, el problema al que en realidad se está haciendo referencia es al deterioro de un *ello* claro para la familia. Hemos perdido en gran medida el sentido de propósito de la familia como la estructura social más importante para transformar a los niños en ciudadanos responsables.

El *ello* contiene la misión de nuestra familia: criar a nuestros hijos en un entorno que fomente su crecimiento físico, mental, emocional y espiritual, de modo que lleguen a convertirse en adultos maduros, independientes y exitosos. A falta del compromiso de una familia con una misión significativa, no es de extrañarnos que los niños estén a la deriva. De nuevo, hago énfasis en que el funcionamiento del *ello* no está reservado a una estructura familiar específica, bien sea tradicional o de otro tipo. Lo que se requieren son adultos maduros que hagan de la misión de su familia su prioridad #1.

Cuando una familia tiene clara su misión, la prioridad de sus actividades diarias cambia. La claridad sobre los valores como familia define el *ello* de cada una de ellas. Una vez, un colega me dio una gran respuesta cuando uno de mis hijos quería ver una película inadecuada para su edad en una noche de piyamas con algunos amigos. Me dijo: "En nuestra familia, no [llenamos el espacio en blanco]". El mensaje intrínseco fue: "La misión de nuestra familia (nuestro *ello*) es criar niños sanos y bien adaptados, sin el bagaje de ver películas que les enseñen ideas erradas sobre la vida, la honestidad, el sexo, la violencia, etc., antes de que ellos posean el juicio y la madurez emocional para distinguir lo que es verdadero y ético de lo que no lo es". La gran fuerza de la frase: "En *nuestra* familia" es una razón convincente para establecer un límite personal para *nuestra* familia sin condenar las elecciones que otras familias hagan.

Las familias, los equipos, los clubes, etc., también hacen posible que los niños experimenten el poder del *ello* —una tarea o misión—. Una cosa es leer sobre líderes famosos en pos de alguna noble búsqueda, pero no hay sustituto alguno para experimentar nuestra propia búsqueda de algún objetivo personal importante para nosotros. Un entrenador debe inspirar al equipo con una misión. Ganar el campeonato regional o incluso ganar el campeonato estatal se convierte en la misión o el propósito de un juego inspirador.

Además de los equipos deportivos, ahora hay muchas otras grandes oportunidades, como los clubes de robótica o las causas ambientales que les brindan a los jóvenes la oportunidad de perseguir un *ello* significativo. Lo necesitamos en nuestra vida para tener un sentido de propósito. ¿Alguna vez hemos visto a la deriva a un niño que posea un *ello* convincente en su vida? El *ello* proporciona el enfoque y la responsabilidad que tanto necesitan los niños hoy en día.

El enigma de la adversidad y la dificultad

Ver a un niño luchar puede ser una de las experiencias más dolorosas de la vida. Sin embargo, la crianza sobreprotectora de los hijos se ha vuelto impopular en los últimos años —el padre demasiado vigilante que se sumerge en todos los aspectos de la vida de su hijo para garantizar buenos resultados—. Una de las consecuencias de los intentos exagerados de un padre por proteger a su hijo de toda adversidad es que el niño pierde la oportunidad de crecer y volverse resistente frente a los problemas.

Cuando nuestros hijos tenían la edad de la escuela primaria, una de las tradiciones favoritas para el fin de semana siguiente al Día de Acción de Gracias era viajar desde Atlanta hasta el Sur, a Callaway Gardens, una hermosa reserva ambiental en el centro de Georgia. Por lo general, el clima era benevolente y los senderos para bicicletas parecían interminables. A lo largo de varios días, siempre fuimos en bicicleta a los lugares que más nos gustaban, como el jardín del Sr. Sibley. De lejos, nuestra parada favorita era el Atrio de las Mariposas, que, según fuentes fidedignas, es la exposición de mariposas vivas más grande de América del Norte. En los días soleados, mil mariposas aleteaban alrededor de las instalaciones de vidrio, las cuales tenían la temperatura y la humedad de un bosque lluvioso.

Una tarde, escuchamos a uno de los guías explicando las diferentes etapas de la vida de las mariposas. En las horas previas a que una mariposa agite por primera vez sus alas, debe liberarse a sí misma de la crisálida endurecida en la que se envolvió. Mientras el guía hablaba, vimos varias mariposas luchando por salir de su propia crisálida. Una estaba casi libre, sujeta por un pequeño trozo de la cáscara endurecida. Uno de los chicos le pidió al guía que, si era posible, cortara ese mínimo vínculo restante para que pudiéramos verla emprender su primer vuelo. Su respuesta fue que ayudarla a salir de manera prematura de su crisálida era condenarla a una vida entera arrastrándose por el suelo. El esfuerzo que ellas hacen para salir de su caparazón fortalece sus alas para que puedan volar. Si salir fuera demasiado fácil, las alas no desarrollarían la fuerza necesaria para levantar el vuelo hacia el cielo y crear esa belleza única de la que todos disfrutamos al verlas volar.

Anne y yo luchábamos para saber cuándo debíamos intervenir y cuándo dejar que nuestros hijos aprendieran a resistir e ir en contra de las barreras que surgían en sus vidas. Sabíamos que los músculos se fortalecen no por pasividad, sino por empujar y poner resistencia. Sinceramente, lucho al no saber cuándo intervenir cada vez que veo que un niño está siendo intimidado, ya que entiendo que, cuando él o ella tienen la confianza en sí mismos para enfrentar a un acosador o para defenderse, es bueno permitirles manejar la situación. Sin embargo, cuando están sufriendo un daño emocional o físico continuo por parte de un acosador, o no tienen forma de contraatacar, como en el caso de la intimidación cibernética, los padres deben intervenir o buscar la influencia de un adulto experto en el tema. La sabiduría consiste en analizar la diferencia entre estas dos clases de situaciones.

En cierta ocasión, observé en mi hijo mayor los enormes beneficios de superar por sí mismo la adversidad frente a una circunstancia difícil. El resultado positivo repercutió en gran manera sobre otras áreas de su vida. Ocurrió cuando un grupo de expedición al aire libre nos invitó a Jim (que acababa de cumplir ocho años) y a mí a un campamento en el desierto con otros padres y sus hijos durante una semana. La escuela naturaleza nos enseñó sobre la administración del medio ambiente junto con muchas otras habilidades al aire libre, como repeler y escalar rocas, y cocinar. No hubo necesidad de que nos enseñaran habilidades que tuvieran que ver con la higiene, pues no fueron necesarias —éramos hombres en medio de las montañas que no necesitaban bañarse—. Las rocas en las que practicamos nuestras habilidades de escalada eran reales, no las fabricadas en las tiendas de equipos deportivos.

Una mañana, nos levantamos a disfrutar del aire fresco de la montaña. Nuestro campamento quedó instalado a 8.000 pies de altura. Después del desayuno, la actividad del día consistió en utilizar nuestras habilidades recién adquiridas de cómo escalar en un muro de roca vertical de 100 pies, a un kilómetro de distancia de las carpas. Cuando a Jim le tocó el turno de escalar, el instructor ató una soga de seguridad alrededor de su cintura y le aseguró que, sin importar qué, no se caería al suelo. Comprendí el concepto a nivel experimental hasta que, más tarde, yo mismo busqué aferrarme a pequeñas grietas a 70 pies sobre el suelo y sentí una oleada o dos de pánico pensando lo que ocurriría si mi soga no funcionaba.

Jim trepó unos 30 pies y no lograba encontrar la forma de subir o bajar, así que entró en un pánico que, rápidamente, lo dejó inmovilizado contra el muro. Luego, comenzó a llorar y a rogar para que alguien lo bajara de allí. Los instructores trataron de calmarlo y le daban ánimo para que siguiera moviéndose, pero él no pudo reponerse. Después de unos 15 minutos, el instructor principal se acercó y me preguntó qué debían hacer. Esa fue una de las decisiones más difíciles que he tenido que tomar, pero al fin dije: "Déjenlo ahí". Intuitivamente, tuve la sensación de que este era un hito importante en el desarrollo de su joven vida que sería de gran importancia y para su bien. Y aunque en ese momento no era de gran consuelo para Jim saberlo, yo también sabía que la soga de seguridad evitaría cualquier lesión grave si él perdía su punto de apoyo.

Al fin, un instructor tuvo que subir a unos 10 pies de donde Jim se aferraba al muro llorando. Con mucha calma, el instructor lo instó a estudiar sus alrededores. "Hay una pequeña roca salida cerca de dos pies sobre tu cabeza hacia la izquierda". Jim dejó de llorar el tiempo suficiente para mirar la roca. En la escalada en roca, aprendí que hacer un movimiento puede ser la parte más temeraria de la escalada. Significa liberarnos de todo lo que nos hace sentir seguros y cómodos para llegar al siguiente punto de estabilidad. Así que, con gran calma, el instructor lo alentó a alcanzar la cornisa. Después de lo que pareció una eternidad, Jim hizo su movimiento. Todos los instructores comenzaron a darle más entusiasmo: "¡Muy bien, Jim! ¡Sigue! ¡Sigue!". Jim hizo otro movimiento difícil, pero esta vez menos a tientas. Otro y otro, siempre con un coro de afirmación. Después de 20 minutos, mi hijo estaba radiante y de pie sobre la cima del muro. Luego, descendió, corrió hacia el instructor y le pidió que le permitiera volver a subirlo.

> *Los beneficios y el poder de una afirmación pueden estar en su punto más alto en la vida cuando los niños están en la adolescencia.*

Por supuesto, es imposible saber qué sucede en el interior de otra persona, pero, por lo visto esa mañana, Jim dio un giro importante en su vida. Parecía más seguro, más independiente y más resistente. Con el tiempo, siguieron otros cambios: madurez, éxito en los deportes y la conquista de su Premio Eagle Scout.

La adversidad es una herramienta primordial para desarrollar resiliencia. Aislar a un niño de una adversidad propia de su edad le niega la oportunidad de desarrollar esta cualidad tan esencial. Mi opinión sobre los beneficios de la superación de la adversidad por parte de un niño es que, cuando se combina con afirmación, puede significar un cambio de vida maravilloso para su crecimiento. Un escritor del primer siglo detalló la siguiente secuencia de los cuatro aspectos de una adversidad bien manejada:

1. Problemas y pruebas

2. Desarrollo de resistencia

3. Fuerza de carácter

4. Confianza esperanzadora[4]

Los padres, maestros y entrenadores sabios sopesan cuáles son esos beneficios potenciales del hecho de permitir que un niño se esfuerce en un entorno de apoyo para alentarlo a mantenerse en marcha a pesar de la dificultad. Los grandes maestros tienen el don de saber permanecer al frente de las necesidades de desarrollo de sus estudiantes.

Asesoría final a padres, maestros y entrenadores

Los beneficios y el poder de una afirmación están en su punto más alto en la vida cuando los niños están en la adolescencia. Las palabras de vida son fundamentales para nosotros sin importar nuestra edad, pero hay una ventana única en la vida de los niños para hacer que su trayectoria avance y así sacar lo mejor de ellos a medida que toman decisiones importantes sobre el tipo de persona en la que se convertirán. Para expresarle palabras de vida al núcleo de un niño es esencial que nosotros mismos tengamos un núcleo sano y sólido. ¡Que todos los que tenemos hijos o trabajemos con ellos decidamos transmitirle palabras de vida al núcleo de estos seres tan queridos para nosotros!

12 ¿Qué pasaría si pusiéramos todo esto en práctica?

Un llamado a la acción

C omo ciudadano de los Estados Unidos, en los últimos años me he sentido un tanto consternado por el nivel de división y disfunción que hay en este momento en nuestro país. Ya sean políticos, periodistas, celebridades o solo la población en general, *la crítica florece y la afirmación languidece*. ¿Cómo llegamos a este estado? Esa es una pregunta que invita a un debate riguroso, pero la pregunta más importante es ¿cómo restaurar el respeto, la sociabilidad y la unidad como país? Si bien no puedo hablar con autoridad, sospecho que las mismas preguntas también afectan a otras naciones.

Después del 11 de Septiembre, me sorprendió el aumento de cortesía entre la gente. Pequeños gestos como saludos más amistosos, mantenerle la puerta abierta a otra persona para que entrara o saliera, permitir que otro auto se fusionara con el tráfico y otros actos de bondad parecían dominar el transcurso del día durante algunos meses. Habíamos sido humildes como nación, y eso se notó. Por un tiempo, nos convertimos en mejores personas. Ante la penosa realidad de aquel asalto a nuestro pueblo, también quedó manifiesta una bondad cívica que no se veía en mucho tiempo.

219

Parecía que, por fin, se había establecido cierto grado de empatía entre la gente. Sin embargo, poco a poco, todos y cada uno volvimos a nuestras preocupaciones anteriores al 11-S; nuestras vidas volvieron a la normalidad. Lo cierto es que la cortesía parece más difícil para las personas ocupadas que no han sido abatidas, ni han sufrido desastres recientes.

Este libro afirma que ciertas acciones sacan a relucir lo mejor de las demás, mientras que otras sacan lo peor. ¿No nos gustaría ver con mucha más frecuencia que cada uno saca lo mejor de sí? He expresado muchas opiniones a lo largo de estas páginas, pero los principales conceptos de *Sé un Influencer* se basan en investigaciones científicas sólidas. Por ejemplo:

1. La afirmación produce incalculables beneficios físicos, emocionales y sociales.

2. La crítica es generadora de inmensos problemas físicos, emocionales y sociales.

3. La práctica de *la retroalimentación enfocada en la alianza* nos permite corregir comportamientos equivocados, algunos de ellos generados por las críticas. Además, conectamos la necesidad de cambiar de las personas con sus aspiraciones más profundas.

La mayoría de mis días de trabajo transcurre en el mundo corporativo. Me pregunto ¿qué pasaría si pusiéramos en práctica todos estos principios en este mundo corporativo?

¿Qué pasaría si los aplicáramos más ampliamente? Mi opinión es que:

La investigación a la que hice referencia a lo largo de este libro está enfocada en los individuos. Sin embargo, como sociedad, sería mucho más fácil florecer si nos volviéramos más dados a la afirmación y menos propensos a las críticas. Imaginémonos viviendo con la misma buena actitud posterior a ese triste período del 11 de Septiembre, solo que mejor y más sostenida.

Piensa en el asombroso mundo que podríamos crear para nuestras organizaciones, nuestras familias y nuestras comunidades si la afirmación fluyera libremente y las críticas se volvieran cada vez más escasas. Sigo escuchando que debemos unirnos como país, aunque hasta la fecha, no he escuchado a nadie decir exactamente cómo debemos hacerlo. Mi respuesta es, comencemos por hacer muchas más afirmaciones y muchas menos críticas.

¿Qué pasaría si cambiásemos nuestro uso normal de las críticas y las afirmaciones? ¿Afirmaríamos a diario a quienes nos rodean y les haríamos menos críticas?

Por supuesto, esta noción puede requerir algunas aclaraciones:

- No todas las ideas son buenas; podríamos evaluar toda clase de propuestas e iniciativas y desechar las malas. Tampoco estoy diciendo que se trate de vivir *un mundo feliz*, donde todos hagamos todo lo que todos quieran hacer en el trabajo.

- A pesar de lo que les he escuchado decir a muchas personas al respecto, en realidad sí hay *preguntas tontas*. Procuremos no gastar nuestros recursos respondiéndolas.

- No todas las personas son fiables. Aunque a mi abuela Goldie le gustaba decir: "No toda la gente vale la pena, pero hay unos cuantos que son especialmente aptos para usarlos como prueba de mal ejemplo".

Con todo esto en mente, te invito a tomar acción en lo siguiente:

¿Qué pasaría si empezáramos a hablar cada vez más palabras de vida con los miembros de nuestra familia, con algunos de nuestros colegas en el trabajo y, de vez en cuando, incluso con algún desconocido?

¿Qué pasaría si reconociéramos que hay un suministro ilimitado de afirmaciones y no hay una ley que lo racione?

Te invito a unirte a otros a votar por una prohibición mundial de la frase *crítica constructiva*. Puedes hacerlo en www.drtimirwin. com.

Por favor, únete también a la discusión en mi sitio web sobre cómo podemos afirmar más y criticar menos.

Agradecimientos

Quiero darle las gracias a mi querida esposa, Anne, quien me ayudó y me animó a lo largo de este proyecto. A mi agente, Jan Miller, CEO de Dupree Miller, quien fue de gran ayuda para identificar al editor adecuado para este libro y para representarme con gran habilidad y pasión.

Un agradecimiento especial a Elizabeth Weaver y a Hillary Hope Doyle, por su excelente trabajo en la investigación y aplicación de la literatura neurosicológica que respalda las ideas aquí expuestas. Richard Narramore, editor sénior de Wiley, aportó su gran visión sobre cómo desarrollar los temas críticos. Fue un gran privilegio trabajar con él. Gracias a Pete Gaughan y Danielle Serpica, dos colegas incomparables que me ayudaron a darle vida y gestión a este libro, y a tener en cuenta una gran cantidad de detalles. Caroline Maria Vincent, editora de producción en Wiley, ha sido una gran compañera de trabajo y muy eficiente en el manejo de la producción. Peter Knox, de la sección de mercadotecnia de Wiley, me brindó todo su apoyo y estoy agradecido por todo su conocimiento y por su decidido patrocinio. Gracias a mi asistente ejecutiva, Lesley Sifford, quien es especial para buscar la excelencia en todos los aspectos de su trabajo.

Sobre el autor

El **Dr. Tim Irwin** ha sido consultor de varias de las compañías más reconocidas y respetadas de los Estados Unidos. Durante más de 25 años, ha asesorado a empresas en diversas industrias, —fibra óptica, bienes raíces, servicios financieros, productos para bebés, tecnologías de la información, noticias y entretenimiento, seguros, hoteles, investigación de alta tecnología, productos químicos, marketing deportivo, autopartes, ópticas a nivel militar y comercial, revestimiento de pisos, embotellado, restaurantes de servicio rápido, fibras y textiles, electrónica, cosméticos, ropa para minoristas y productos farmacéuticos.

Además, trabajó desde el año 2000 hasta 2005 en la administración superior de una consultora internacional con más de 300 oficinas en todo el mundo y, luego de una fusión, pasó a formar parte del equipo de administración de una compañía Fortune 500. Su trabajo lo ha llevado a más de 20 países en Europa, América Latina, Canadá y el Lejano Oriente.

Antes de *Sé un Influencer*, el Dr. Irwin publicó tres libros aclamados por la crítica, entre ellos *Impact: Great Leadership Changes Everything*, un éxito en ventas de *The New York Times*. Sus libros anteriores incluyen *Run with the Bulls without Getting Trampled* y *Derailed: Five Lessons Learned from Catastrophic Failures of Leadership*.

También ha contribuido con numerosos medios de comunicación nacionales como Fox Business News, Fox News Channel, CNBC, Investor's Business Daily, Business Week y *The Wall Street Journal*.

El Dr. Irwin completó dos Ph.D: Uno en Sicología Organizacional y otro en Sicología Clínica. Es un experto orador en los temas de liderazgo y desarrollo de liderazgo. Su filosofía de liderazgo sostiene que si bien las acciones de un líder son trascendentales, en últimas, es su núcleo (su interior) el que determina su legado.

Notas

Capítulo 1

1. http://www.gallup.com/poll/188144/employee-engagement-stagnant-2015.aspx.

2. http://www.imsdb.com/scripts/O ffi ce-Space.html.

3. Nehemías 4:6 (Nueva Versión Internacional).

Capítulo 2

1. http://www.etymonline.com/index.php?allowed_in_frame=0&search= afirmación.

2. Nota para el lector: gran parte de la investigación aborda el beneficio de la autoafirmación. Por interferencia, los expertos reconocen que estos hallazgos tienen valor cuando se consideran otras fuentes de una afirmación.

3. J. D. Creswell, W. T. Welch, S. E. Taylor, D. K. Sherman, T. L. Gruenewald y T. Mann, "La afirmación de los valores personales son respuestas al estrés neuroendocrino y sicológico", Psychological Science 16, núm. 11 (2005): 846 - 851.

4. D. B. Sherman, D. P. Bunyan, J. D. Creswell y L. Jaremka, "Vulnerabilidad sicológica y estrés: los efectos de la autoafirmación de las respuestas simpáticas del sistema nervioso a los estresores naturalistas", Health Psychology 28, núm. 5 (2009): 554-562.

5. J. D. Creswell, J. M. Dutcher, W.M. Klein, P. R. Harris y J. M. Levine, "La autoafirmación mejora la resolución de problemas bajo estrés", PLOS One 8, núm. 5 (2013).

6. O. Bartra, J. T. McGuire y J. W. Kable, "The Valuation System: A Coordinate-Based Meta-Analysis of BOLD fMRI Experiments Examining Neural Correlates of Subjective Value, Neuroimage 76 (2013): 412-427, doi: 10.1016 / j.neuroimage.2013.02.063.

7. C. N. Cascio, M. B. O'Donnell, F. J. Tinney, Jr., M. D. Lieberman, S. E. Taylor, V. J. Strecher y E. B. Falk, "La autoafirmación activa los sistemas cerebrales asociados con el procesamiento y la recompensa autorrelacionados y se refuerza con la orientación futura", *Social Cognitive and Affective Neuroscience Advance Access* (2015).

8. B. J. Schmeichel y K. Vohs, "Autoafirmación y autocontrol: Afirmar los valores fundamentales contrarresta el agotamiento del ego", Journal of Personality and Social Psychology 96, núm. 4 (2009): 770-782, doi: 10.1037 / a0014635.

9. Estos hallazgos son respaldados por la inferencia de: S. Achor, "Inteligencia positiva: Tres formas en que los individuos pueden cultivar su propio sentido de bienestar y prepararse para triunfar", Harvard Business Review 90, núm. 1-2 (2012): 100-102.

10. C. N. Cascio y otros, *Self-Affirmation and Self-Control* (2015).

11. E. B. Falk et al., "La autoafirmación altera la respuesta del cerebro a los mensajes de salud y el cambio de comportamiento posterior", Proceedings of the National Academy of Science de EE. UU. 112, núm. 7 (2015): 1977-1982, doi: 10.1073 / pnas.1500247112.

12. C. K. W. De Dreu, "La oxitocina modula la cooperación y la competencia entre los grupos: una revisión integradora y Agenda de Investigación", Hormones and Behavior 61, núm. 3 (2012): 419-428, doi: http: //dx.doi.org/10.1016/j.yhbeh.2011.12.009.

13. R. E. Boyatzis, M. L. Smith, y N. Blame, "Desarrollo de líderes sostenibles a través del coaching y la compasión", Academy of Management Learning and Education 5, núm. 1 (2006): 8-24.

14. G. L. Cohen y D. K. Sherman, "La sicología del cambio: Autoafirmación e intervención sicológica social", Annual Review of Psychology 65 (2014): 333-371, doi: 10.1146 / annu-rev-psych-010213-115137.

15. http://www.magpictures.com/jirodreamsofsushi/.

16. http://adriancheok.info/uncategorized/secret-for-innova-tion-the-shokunin- spirit-of-japón /.

Capítulo 3

1.Proverbios 22:29, paráfrasis del autor.

Capítulo 4

1. Tim Irwin, *Impact: Great Leadership Changes Everything*, BenBella, 2014.

2. Proverbios 25:13 (Nueva Traducción Viviente).

3. Proverbios 25:11 (Nueva Versión Internacional).

Capítulo 5

1. Proverbios 18:21, Versión Inglés Contemporáneo (CEV), American Bible Society, 1995.

2. A. Etkin, T. Egner y R. Kalisch, "Procesamiento emocional en el cíngulo anterior y en la corteza prefrontal medial", Trends in Cognitive Sciences 15, núm. 2 (2011): 85–93, doi: 10.1016 / j.tics.2010.11.004.

3. D. Liu, H. Liao y R. Loi, "El lado oscuro del liderazgo: una investigación en tres niveles del efecto en cascada de la supervisión abusiva sobre la creatividad de los empleados", Academy of Management Journal 55, núm. 5 (2012): 1187–1212, doi: 10.5465 / Amj.2010.0400.

4. E. Miron-Spektor et al., "La ira de otros hace que las personas trabajen más duro, no con más inteligencia: el efecto de la observación de la ira y el sarcasmo en el pensamiento creativo y analítico", Journal of Applied Psychology 96, núm. 5 (2011): 1065-1075.

5. M. N. Servaas et al., "El efecto de la crítica sobre la conectividad cerebral funcional y las asociaciones con la neurosis", PLOS One 8, núm. 7 (2013), doi: 10.1371 / journal.pone.0069606.

6. B. J. Tepper, "Supervisión abusiva en las organizaciones de trabajo: revisión, síntesis y agenda de investigación", Journal of Management 33, núm. 3 (2007): 261–289. doi: 10.1177 / 0149206307300812.

7. M. N. Servaas et al., *The Effect of Critisism*.

8. D. Liu et al., *The Dark Side of Leadership*.

9. M. K. Du, y, D. C. Ganster, y M. Pagon, "Maltrato social en el lugar de trabajo", Academy of Management Journal 45, núm. 2 (2002): 331–351, doi: 10.2307 / 3069350.

10. M. S. Mitchell y M. L. Ambrose, "Supervisión abusiva y desviación en el lugar de trabajo y los efectos moderadores de las creencias de reciprocidad negativa", Journal of Applied Psychology 92, núm. 4 (2007): 1159–1168, doi: 10.1037 / 0021-9010.92.4.1159.

11. B. J. Tepper, M. K. Du y, C. A. Henle y L. S. Lambert, "Injusticia procesal, precipitación de víctimas y supervisión abusiva", Personnel Psichology 59, núm. 1 (2006): 101–123, doi: 10.1111 / j.1744-6570.2006.00725.x.

12. B. J. Tepper, "Consecuencias de la supervisión abusiva", Acadamy of Management Journal 43, núm. 2 (2000): 178–190, doi: 10.2307 / 1556375.

13. B. S. McEwen, "Estrés y plasticidad hipocampal", Annual Review of Neuro-science 22 (1999): 105–122, doi: 10.1146 / annurev.neuro.22.1.105.

14. Esta conclusión se extrae por inferencia de un gran cuerpo de evidencia científica.

15. M. K. Du ff y et al., *Social Undermining in the Workplace*.

16. D. Liu y otros, *The Dark Side of Leadership*.

17. C. K. W. De Dreu y B. A. Nijstad, "La mentalidad y el pensamiento creativo en los conflictos sociales: rigidez de la amenaza versus enfoque motivado", Journal of Personality and Social Psychology 95, núm. 3 (2008): 648–661, doi: 10.1037 / 0022-3514.95.3.648.

18. Este es un resumen de la investigación citada para *The Dirty Dozen*

19. D. Montano, "Comportamiento del supervisor y sus asociaciones con la salud de los empleados en Europa", International Archives of Occupational and Environmental Health 89, núm. 2 (2016): 289–298, doi: 10.1007 / s00420-015-1072-8.

20. B. Ashforth, "La tiranía empresarial", Human Relations 47, núm. 7 (1994): 755–778, doi: 10.1177 / 001872679404700701.

21. M. K. Du ff y et al., *Social Undermining in the Workplace.*

22. H. Hoel, L. Glaso, J. Hetland, C. L. Cooper y S. Ein-arsen, "Estilos de liderazgo como predictores de la intimidación en el lugar de trabajo", British Journal of Management 21, núm. 2 (2010): 453–468, doi: 10.1111 / j.1467-8551.2009.00664.x.

23. D. T. Hsu et al., "Respuesta del sistema mu-opioide al rechazo y aceptación social", Molecular Psychiatry 18, núm. 11 (2013): 1211–1217, doi: 10.1038 / mp.2013.96.

24. M. Stallen, A. Smidts y A. G. Sanfey, "Influencia de los compañeros: mecanismos neuronales subyacentes en la conformidad del grupo", Frontiers in Human Neuroscience 7 (2013), doi: 10.3389 / fnhum.2013.00050.

25. D. Liu y otros, The Dark Side of Leadership.

26. G. Rizzolatti y L. Craighero, "El sistema espejo-neuronal", Annual Review of Neuroscience 27 (2004): 169–192, doi: 10.1146 / annurev.neuro.27.070203. 144230.

Capítulo 6

1. https://www.etymonline.com/word/aspire

2. G. L. Cohen, J. Aronson y C. M. Steele, "Cuando las creencias se basan en evidencias: reduciendo la evaluación sesgada mediante la afirmación del yo", Personality and Social Psychology Bulletin 26, núm. 9 (2000): 1151–1164, doi: 10.1177 / 01461672002611011.

3. C. K. W. De Dreu, "La oxitocina modula la cooperación interna y la competencia entre grupos: una revisión integradora y una agenda de investigación", Hormones and Behavior 61, núm. 3 (2012): 419–428, http://dx.doi.org/10.1016/j.yhbeh

.2011.12.009.

4. R. E. Boyatzis, M. L. Smith y N. Blame, "Desarrollando líderes sostenibles a través del coaching y la compasión", Academy of Management Learning & Education 5, núm. 1 (2006): 8–24.

5. G. L. Cohen et al., *When Beliefs Yield to Evidence*.

Capítulo 8

1. Mi primera exposición a este modelo ocurrió cuando leí el artículo no publicado de Ruth Cohen en la escuela de posgrado. La profesora Pauline Rose Clance lo distribuyó entre los estudiantes de nuestra clase en el Departamento de Sicología de la Universidad Estatal de Georgia.

2. https://twitter.com/biiimurray/status/616298474812911616?lang=en.

Capítulo 9

1. Nota para el lector: gran parte de la literatura científica aborda el tema de la autoafirmación. Por inferencia, se piensa que estos beneficios también se derivan de la afirmación de otros.

2. K. A. Arnold et al., "Liderazgo transformacional y bienestar sicológico: el papel mediador del trabajo significativo", Journal of Occupational Health Psychology 12 (2007): 193–203.

3. A. I. Jack et al., "Visión en el cerebro: un estudio de resonancia magnética funcional de coaching y tutoría inspiradores", Social Neuroscience 8, núm. 4 (2013): 369–384.

4. RE Boyatzis, K. Rochford y SN Taylor, "El papel del atractivo emocional en la visión y la visión compartida: hacia el liderazgo efectivo, las relaciones y el compromiso", Frontiers in Psychology 6 (2015), doi: 10.3389 /fpsyg.2015.00670.

5. Ibid.

6. A. Passarelli, "Entrenamiento basado en la visión: optimización de recursos para el desarrollo de líderes", Frontiers in Psychology 6 (2015): 412.

7. Ibid.

8. G. L. Cohen, J. Aronson y C. M. Steele, "Cuando las creencias rinden evidencia: reduciendo la evaluación sesgada por parte de un miembro del yo", Personality and Social Psychology Bulletin 26, núm. 9 (2000): 1151–1164, doi: 10.1177 / 01461672002611011.

9. G. L. Cohen y D. K. Sherman, "La sicología del cambio: Autoafirmación e intervención sicológica social", Annual Review of Psychology 65 (2014): 333–371, doi: 10.1146 / annurev-psych-010213-115137.

10. D. B. Sherman, J. D. Creswell y L. Jaremka, "Vulnerabilidad y estrés sicológico: los efectos de la autocomunicación en el sistema nervioso simpático. Respuestas a los factores estresantes naturalistas", Health Psychology 28, núm. 5 (2009): 554–562.

11. G. L. Cohen, J. Garcia, N. Apfel y A. Master, "Reduciendo la brecha de los logros raciales: una intervención socio-sicológica", Science 313, núm. 5791 (2006): 1307-1310, doi: 10.1126 / science.1128317.

12. J. D. Creswell, J. M. Dutcher et al., "La autoafirmación mejora la resolución de los conflictos bajo estrés", PLOS One 8, núm. 5 (2013).

13. J. D. Creswell, W. T. Welch et al., "Una afirmación de los valores personales, los defensores del estrés neuroendocrino y sicológico," Psychological Science 16, núm. 11 (2005): 846-851.

14. D. B. Sherman et al., *Psychological Vulnerability and Stress*.

15. B. J. Schmeichel y K. Vohs, "Autoafirmación y autocontrol: la afirmación de los valores fundamentales contrarresta el agotamiento del ego", Journal of Personality and Social Psychology 96, núm. 4 (2009): 770–782, doi: 10.1037 / a0014635.

16. G. L. Cohen, J. Aronson et al., When Believes Yield to Evidence.

17. G. L. Cohen y D. K. Sherman, The Psychology of Change.

18. E. B. Falk, M. B. O'Donnell et al., "La autoafirmación altera la respuesta del cerebro a los mensajes de salud y al cambio de comportamiento subsiguiente", Proceedings of the National Academy os Sciences USA 112 (2015): 1977–1982.

19. G. L. Cohen, J. Garcia y otros, *Reducing the Racial Achievement Gap*.

20. J. D. Creswell, J. M. *Dutcher et al., Self-Affirmation Improves Problem-Solving*

21. J. D. Creswell, W. T. Welch et al., *Affirmation of Personal Values*.

22. D. B. Sherman et al., *Psychological Vulnerability and Stress*.

23. Rey Salomón, Proverbios 4:23, New Living Translation (paráfrasis del autor).

24. Tim Irwin, DeRailed: Five Lessons Learned from Catastrophic Failures (Nashville, TN: Thomas Nelson, 2014).

25. G. K. Chesterton, del ensayo "The Methuselahites", en All Things Considered: A Collection of Essays, publicado por primera vez por Methuen & Co., Londres, 1908.

26. The Online Etymology Dictionary,

http://www.etymonline.com/index.php? término = alentar.

Capítulo 10

1. https://www.wsj.com/articles/how-performance-reviews-can-harm-mental- health-1445824925.

2. http://www.encyclopedia.com/social-sciences/dictionaries-thesauruses- pictures-and-press-releases / recency-e ect ect.

3. https://www.wsj.com/articles/how-performance-reviews-can-harm-mental- health-1445824925.

4. https://www.wsj.com/articles/goldman-sachs-dumps-employee-ranking- system-1464272443.

Capítulo 11

1. A.Wolff, "¿Llegó a su fin la era de los entrenadores universitarios abusivos?" Sports Illustrated, 28 de septiembre de 2015, https://www.si.com/college-basketball/ 2015/09/29 / final-abusivo-entrenadores-universidad-fútbol-baloncesto.

2. Ibid.

3. Ibid.

4. Romanos 5: 3–4 (Biblia Nueva Traducción Viviente).

estabiol — hormona
estrogeno

cortisol — hormona

como bajar
los niveles del
cortisol

- omega 3
- pescado
- relax
- exercise
- no sugar
- no cafeina

cortisol
supplements
- magnesium